ФЕДЕРАЦИЯ ФУТБОЛА ИСПАНИИ

ПРОГРАММА ТРЕНИРОВОК 9-12 ЛЕТ

автор
Эдуардо Валькарсель

Fundación RFEF

Опубликовано

ФЕДЕРАЦИЯ ФУТБОЛА ИСПАНИИ

ПРОГРАММА ТРЕНИРОВОК 9-12 ЛЕТ

Опубликовано на английском языке на SoccerTutor.com: февраль 2018
Впервые опубликовано на русском языке: август 2020

Info@soccertutor.com | www.SoccerTutor.com
UK: 0208 1234 007 | **US:** (305) 767 4443 | **ROTW:** +44 208 1234 007
ISBN: 978-1-910491-42-3

Copyright: SoccerTutor.com Limited © 2020. Все права защищены.

Все права защищены. Любая часть этой публикации не может быть воспроизведена, сохранена в поисковый системе, или передана в любой форме или любым способом, электронным, механическим, фотокопией, записью или иным образом без предварительного письменного разрешения владельца авторских прав. И при этом контент не может быть распространён в любой форме привязывания и прикрепления, кроме той, в которой он издан и без подобного условия, налагаемого на следующего покупателя.

Автор
Эдуардо Валькарсель / Eduardo Valcárcel

Переводчик
Герман Коцюбинский

Оригинальные испанские издатели
Abfutbol ©. Все права защищены.

Редактор
Алекс Фитцджеральд / Alex Fitzgerald - SoccerTutor.com

Дизайн обложки
Алекс Макрайдс / Alex Macrides, Think Out Of The Box Ltd.
Email: design@thinkootb.com Телефон: +44 (0) 208 144 3550

Рисунки
Дизайн рисунков SoccerTutor.com. Все рисунки в этой книге были выполнены с использованием программного обеспечения SoccerTutor.com Tactics Manager, которое можно найти на www.SoccerTutor.com

Примечание: хотя были приложены все усилия для обеспечения технической точности содержания этой книги, ни автор, ни издатели не могут нести никакой ответственности за любые травмы или ущерб, понесённый в результате использования этого материала.

В этой жизни, если вы хотите чего-то, с мечтой, самопожертвованием и дисциплиной, вы можете получить это.

Эдуардо Валькарсель

СОДЕРЖАНИЕ

Предисловие Висенте Дель Боске.. 8
Школа тренеров испанской футбольной федерации........................ 9
Программа обучения 10
На что обратить внимание тренеров... 11
Ключ к рисункам 13
Формат упражнений 13

ЧАСТЬ 01: СКОРОСТНОЙ БЕГ С МЯЧОМ 14
ЧАСТЬ 01: СКОРОСТНОЙ БЕГ С МЯЧОМ...................................... 15
Скоростной бег с мячом с изменением направления движения 16
Скоростной бег с мячом на различные позиции в построении 3-3-1 ... 17
Скоростной бег с мячом наперегонки 18
Скорость и техника в гонке 1х1 19
Быстрая реакция и бег с мячом в скоростном состязании 20
Быстрое принятие решений в различных ситуациях...................... 21
Бег с мячом в охраняемую центральную зону.............................. 22
Скоростной бег с мячом, с целью освободиться от опеки............... 23
Скоростной бег с мячом в игре «Собери сокровища»..................... 24

ЧАСТЬ 02: ДРИБЛИНГ ПРОТИВ СОПЕРНИКА И СИТУАЦИИ 1Х1 25
МЕТОДИКА ТРЕНИРОВКИ ДРИБЛИНГА ПРОТИВ СОПЕРНИКА 26
Движение с обводкой соперника в непрерывном цикле................ 27
Обводка соперника в зонной дуэли 1х1....................................... 28
Обводка соперника в упражнении с зонами завершения 29
Обводка соперника в игре «Бульдог» 30
Обводка соперника и укрывание мяча в игре «за одну минуту» 31
Обводка соперника сквозь конусные ворота в ситуации 1х1 32
Спринт, изменение направления, приём, обводка и завершение ... 33
Быстрая реакция и обводка соперника в дуэли 1х1....................... 34

ЧАСТЬ 03: СИТУАЦИИ 2Х1, 2Х2, 3Х1, 3Х2, 3Х3 35
МЕТОДИКА ТРЕНИРОВОК СИТУАЦИЙ 2х1, 2х2, 3х1, 3х2, 3х3 36
Оторваться от опекуна, принять мяч и выполнить обратный пас 37
Быстрая атака в ситуации 2х1 (+1) 38
Дриблинг и завершение в ситуации 2х1 39

Игра в стенку, приём мяча и ситуация 2х1 40
Игра 2х2(+1) в четверо ворот 41
Две ситуации 2х1 подряд с двумя коридорами для атакующих игроков 42
Видение поля, быстрая реакция и приём мяча в ситуации 2х2 43
Быстрая атака в ситуации 3х2 44
Дуэль 1х1 в коллективной ситуации 3х2 45
Непрерывная ситуация 2(+2)х2 в двое ворот 46
Непрерывная ситуация 3х3 в командной игре 47

ЧАСТЬ 04: ПЕРЕДАЧИ 49

МЕТОДИКА ТРЕНИРОВКИ ПЕРЕДАЧ 50
Дриблинг+комбинация стенка в квадрате 51
Свободные передачи в парах против сдвоенных защитников 52
Передачи в повторяющейся ситуации 2х1 53
Передачи в комбинации стенка под различными углами 54
Шаблон передач «Y» с комбинацией стенка 55
Короткие и длинные передачи в двойном квадрате 56
Быстрые передачи, комбинация стенка и движение в двойном квадрате 57
Передачи, стенка на фланге и поддерживающий бег внутри поля 58
Начало атаки с переводом мяча на другой фланг и игра в коридорах 1х1 ... 59
Передачи вперёд в игре с 3 зонами 60

ЧАСТЬ 05: РОНДО 61

МЕТОДИКА ТРЕНИРОВКИ РОНДО 62
Рондо 5х1 с двумя мячами (1 в руках и 1 в ногах) 63
Рондо 5х2 с движением для смены сторон 64
Рондо 5х2 с внутренним игроком и сменой позиций 65
Рондо 5х2 «Сбей конус в центре» 66
Рондо 4х2 и упражнения на скорость 67
Рондо 4х1 со сменой позиций с поддерживающей игрой в 4 зонах 68
Переход из атаки в оборону в одновременных рондо 4х1 69
Рондо 4х4(+3) от края до края 70

ЧАСТЬ 06: ИГРЫ НА ВЛАДЕНИЕ МЯЧОМ 71

МЕТОДИКА ТРЕНИРОВКИ ИГР НА ВЛАДЕНИЕ МЯЧОМ 72
Игра на владение мячом с увеличением числа соперников (от 5х1 до 5х5) ... 73
Игра на удержание мяча с тремя командами 4(+4)х4 74
Поддержка в игре на удержание мяча 8х6 75
Игра на удержание мяча со сменой внутренних и внешних игроков 76

Три команды в игре на удержание мяча с углами для приёма 77
Удержание мяча в двух зонах в игре с переходами 78
Сохранять и переводить мяч в двусторонней игре на удержание 79
Удержание и переводы мяча в зонной игре с тремя командами 80
Игра на удержание мяча, быстрая реакция и спринты 81

ЧАСТЬ 07: ИГРА ГОЛОВОЙ 82

МЕТОДИКА ТРЕНИРОВКИ ИГРЫ ГОЛОВОЙ 83

Игра головой + конкуренция в непрерывной круговой разминке 84
Забивать только головой в разминочной игре 7х7 85
Передачи головой назад в эстафете 86
Последовательность передач головой в командной игре 87
Состязание в передачах головой с различными углами и высотой 88
Сопротивление, спринт, завершение головой 89
Игра руками и головой/спринт, барьер, удар головой/черпак, удар головой 90
Спринт+завершение головой, игра 3х3 руками и головой 91
Передачи головой и быстрый прорыв с завершением 92
Ситуации 2х2 в двух смежных зонах, завершение головой, контратака 93
Малая двусторонняя игра руками и головой с доставкой мяча на фланги 94

ЧАСТЬ 08: УДАРЫ 95

МЕТОДИКА ТРЕНИРОВКИ УДАРОВ 96

Дриблинг и спринт + завершение 97
Дриблинг, комбинации + завершение 98
Мяч над головой: поворот, приём, дриблинг и удар 99
Стенка, открывание, приём мяча и удар 100
Отход назад, разворот, приём мяча и завершение 101
Спринт, разворот, приём мяча и удар в комбинации с тремя игроками 102
Поддерживающий бег с фланга в быстрой комбинации + завершение 103
Двойная стенка и завершение 104
Короткие и длинные передачи с завершением после паса назад по диагонали 105
Завершение в малой двусторонней игре 3х3 с двумя игроками поддержки в атаке ... 106

ЧАСТЬ 09: КОМБИНАЦИОННАЯ ИГРА В АТАКЕ 107

МЕТОДИКА ТРЕНИРОВКИ КОМБИНАЦИОННОЙ ИГРЫ В АТАКЕ 108

Быстрые передачи в 1 касание и движение 109
Две зеркальные комбинации в 1 касание с завершением 110
Быстрая комбинационная игра с различным поддерживающим бегом и завершением . 111
Фланговая игра, поддерживающий бег, подачи и завершение 112

Пас высоко на фланг, поддерживающий бег, подача и завершение 113
Быстрая комбинационная игра с приёмом мяча высоко на фланге, подача и завершение 114
Быстрая комбинационная игра со смещением внутрь для приёма мяча и завершение .. 115
Быстрая комбинационная игра на скорости с поддержкой и завершением 116
Комбинационная игра приём мяча на фланге, подачи и завершение 117
Выиграть мяч в центре (2x4) и провести быструю контратаку............................ 118

ЧАСТЬ 10: ТАКТИЧЕСКОЕ РАЗВИТИЕ 119
МЕТОДИКА ТРЕНИРОВКИ ТАКТИЧЕСКОГО РАЗВИТИЯ 120
Построение атаки и завершение в зонной игре 8x2............................... 121
Построение атаки и переходы в зонной игре 8x3 122
Построение атаки и переходы в зонной игре 8x4 123
Построение атаки и переходы в зонной игре 8x8 со спаренными защитниками 124
Построение атаки в малой двусторонней игре 8x8 125

ЧАСТЬ 11: КРУГОВАЯ ТРЕНИРОВКА 127
МЕТОДИКА КРУГОВОЙ ТРЕНИРОВКИ 128
Круговая тренировка дриблинга с различной техникой и поворотами 129
Игра на удержание мяча 2x2+упражнения на скорость и ловкость с завершением...... 130
Круговая тренировка на скорость и ловкость с завершением (атака 3x1)............... 131
Круговая тренировка скорости и ловкости с завершением (атака 3x2) 132

ПРЕДИСЛОВИЕ ВИСЕНТЕ ДЕЛЬ БОСКЕ

ТРЕНИРОВАЛ

- **Сборная Испании** (2008–2016 годы)
- **«Бешикташ» Турция** (2004-2005)
- **«Реал» Мадрид** (1999-2003)

НАГРАДЫ

- **Чемпион мира по футболу** (2010)
- **Чемпион Европы УЕФА** (2012)
- **Победитель Лиги чемпионов УЕФА** (2000, 2002)
- **Чемпион Испании** (2001, 2003)
- **Лучший тренер мира ФИФА** (2012)
- **Лучший клубный тренер года УЕФА** (2002)
- **Входит в Топ-10 величайших тренеров эпохи УЕФА** (1954-2016)
- **Выиграл 5 чемпионатов Испании и 4 Кубка Испании в качестве игрока «Реал» Мадрид**
- **18 матчей за сборную Испании**

"Школа вне спорта"

Я думаю, что эту книгу можно считать призом за годы работы, проделанной профессионалами, работающими в футбольных школах RFEF (Испанская федерация футбола). Все они очень хорошие тренеры, но, на мой взгляд, важнее то, что они замечательные педагоги.

У меня есть возможность увидеть работу, которая проводится с детьми в школах RFEF в прямом эфире. Я с гордостью наблюдаю за обращением с учащимися.

Наряду с обучением их всем необходимым техническим навыкам и способам расположения на поле, им прививают ценности товарищества, командной работы, дисциплины и уважения к своему тренеру, партнерам по команде и соперникам.

Для меня эта часть является фундаментальной, потому что, в конце концов, это то, что останется с ними на всю жизнь, кроме того, когда дети вырастут, они могут и не стать профессиональными футболистами. Но они обязательно должны стать хорошими людьми, и благодаря усилиям моих коллег кажется, что они собираются стать великими людьми. Им предоставляются «инструменты» для достижения этой цели.

Я действительно желаю, чтобы эта книга имела большой успех, поскольку она, несомненно, отражает энтузиазм, профессионализм и высокий уровень подготовки наших тренеров в RFEF.

ШКОЛА ТРЕНЕРОВ ИСПАНСКОЙ ФУТБОЛЬНОЙ ФЕДЕРАЦИИ

«В школе RFEF мы формируем спортсменов с человеческими ценностями»

Eduardo Valcárcel (2017) - **Director of the Spanish Football Federation Coaching School** (Real Federación Española de Fútbol, RFEF)

Эдуардо Валькарсель (2017) - директор Школы тренеров Федерации футбола Испании (Real Federacion Espanola de Futbol, RFEF)

Эдуардо Валькарсель, директор школы футбольной федерации Испании, подводит итоги прошедшего сезона, закончившегося в июле 2017 года.

Это был год, в котором мы продолжали свое развитие, всегда основываясь на принципах дисциплины, солидарности, образования и уважения к судьям.

Принципы: ключ в гармонии, и мы должны напомнить тренерам, что все мы люди, и нам всем нравится побеждать, но прежде чем стремиться к победе, мы должны думать о воспитании спортсменов уважающих общечеловеческие ценности, а не просто игроков.

Развитие: мы начали с 70 детей 9 лет назад, и сегодня у нас их 850. Мы начали с 4 тренеров, и сегодня у нас их 40. Это была скромная идея в 2008 году, а сегодня мы являемся эталоном по всей Испании, потому что все не только знают нас, но и признают и уважают за ту работу, которую мы делаем».

Будущее: мы идем вперёд год за годом. Один из ключей ко всему хорошему состоит в том, что мы не думаем о далеких мечтах, но мы работаем изо дня в день, руководствуясь ценностями, на которых мы выросли.

ПРОГРАММА ОБУЧЕНИЯ

EDUARDO VALCÁRCEL
Director RFEF Coaching

Я директор Школы тренеров Федерации футбола Испании (Real Federacion Espanola de Futbol, RFEF). Много лет у меня была великая мечта создать книгу, включающую все наши футбольные упражнения, которые мы используем в испанской федерации футбола. Это была нелегкая задача, потому что в ней я хотел запечатлеть работу многих тренеров, которые с любовью и самоотдачей работают каждый день, чтобы дети могли развиваться и учиться наилучшим образом.

В Футбольной школе испанской федерации в настоящее время обучается более 800 учеников в возрасте от 4 до 15 лет. Мы учитываем применение методологии обучения по возрастам, чтобы ребенок в конечном итоге стал спортсменом и профессиональным футболистом.

В книге показаны упражнения, которые выполняются детьми уровня U9-12. Увеличивая сложность или просто скорость выполнения, эти же упражнения применимы к следующей возрастной группе, так как они полны и очень полезны для улучшения футболистов всех возрастов.

В течение всего сезона мы практикуем именно эти виды деятельности, потому что считаем фундаментальным, чтобы дети изучали и отлично понимали упражнения и постепенно работали над вариантами, которые усложняют их, заставляя стремиться к идеальному исполнению.

Я до сих пор помню, как 26 лет назад начал тренировать и выполнял упражнения с большим энтузиазмом. Я вкладывал все свои силы с максимальной энергией. Тогда я думал, что все, что я делал, было хорошо. Однако теперь, после многолетнего опыта, я понимаю, как много я узнал и теперь могу претендовать на то, чтобы стать лучшим тренером.

Сто процентов работы, проделанной сегодня, несомненно, является одним из величайших и самых выгодных изменений за все эти годы в футболе. Развивающиеся игроки должны тренироваться, всегда используя мяч - с ним работа всегда будет намного лучше и более плодотворной. Мой лучший совет, чтобы игроки всегда использовали мяч в ваших тренировках от начала до конца, для всех занятий.

НА ЧТО ОБРАТИТЬ ВНИМАНИЕ ТРЕНЕРОВ

Чтобы начать эту книгу, я хотел бы предложить серию советов для молодых тренеров, результаты работы которые накоплены за многие годы.

1. Прежде всего, мы должны исключить упражнения, когда игроки долго ждут в очередях. И если они всё-таки есть, то ожидание должно быть минимальным, иначе мы сокращаем время тренировки для наших игроков. Попробуйте изменить концепцию очереди на ОДИН РЕБЕНОК, ОДИН МЯЧ

2. Альтернативой, позволяющей избежать очередей игроков, является одновременное проведение двух или трех упражнений, что нужно делать часто, если нам посчастливилось иметь помощника тренера с достаточным опытом. Таким образом, разделяя работу, мы можем лучше помогать игрокам и чаще с ними контактировать, достигая поставленных целей за более короткое время и, следовательно, имея больше времени для других видов тренировок.

3. Позаботьтесь о деталях во всем, что вы делаете, и не планируйте во время тренировки, планируйте все заранее. Таким образом, упражнения лучше видны и поняты, когда вы собрали все воедино, ссылаясь на предыдущий опыт. Так вы сможете оценить (более надёжным способом) выполняемые действия.

4. Не допускайте оскорблений или неуважения между игроками или членами тренерского штаба, так как в долгосрочной перспективе это ослабляет группу и создает трещины, которые трудно закрыть позже.

5. При объяснении упражнения игрокам не забывайте делать это кратко и лаконично, чтобы не утомлять игроков и, таким образом, откладывать начало задания. Вы также должны позаботиться о своих жестах, вместе с тоном голоса, который вы используете, они становятся ключевыми для развития и настроения ребенка.

6. По возможности, мы должны работать на основе своей игровой системы и, следовательно, использовать ее в качестве ориентира в нашей тренировке, например, в отношении владения мячом, комбинационной игры и тактического развития.

7. Когда мы выполняем упражнения на владение мячом с командами в равных составах, в зависимости от уровня игроков, может быть трудно сделать три, четыре или пять пасов подряд, поэтому мы должны заставить защитников играть, держась за руки. Таким образом, мы облегчаем задачу игроку владеющему мячом и даем ему несколько лишних секунд для выполнения технического действия «приём + передача».

КЛЮЧ К РИСУНКАМ

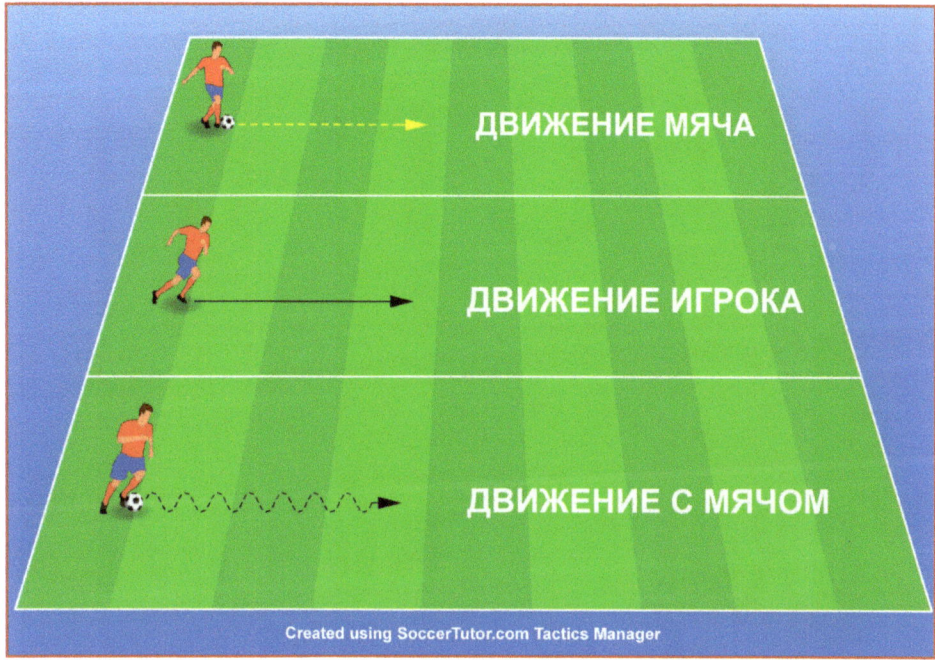

ФОРМАТ УПРАЖНЕНИЙ

Каждое упражнение включает в себя четкие рисунки (диаграммы) с примечаниями к обучению, такими как:

- Название упражнения
- Задача упражнения
- Описание упражнения
- Варианты или развитие (если применимо)

ЧАСТЬ 1

СКОРОСТНОЙ БЕГ С МЯЧОМ

МЕТОДИКА ТРЕНИРОВКИ СКОРОСТНОГО БЕГА С МЯЧОМ

- Лучшая часть стопы, используемая для бега с мячом на скорости, всегда должна быть внешним подъемом (шнурками).

- Другие части стопы замедляют скорость, с которой игрок может бегать с мячом, но обеспечивают больший контроль.

- Цель состоит в том, чтобы игроки развили отличный контроль над мячом при скоростном беге как левой, так и правой ногой.

- Когда игроку становится одинаково удобно бегать с мячом обеими ногами, он развивает абсолютный контроль при движении мяча - он сможет бегать на полной скорости, менять направление, поворачивать и т. д.

- Следующий шаг - принятие решений. Игроки учатся бегать с мячом на скорости, когда нет хорошей возможности для передачи вперед, но впереди есть свободное место, куда можно бежать без сопротивления.

ЧАСТЬ 1: СКОРОСТНОЙ БЕГ С МЯЧОМ

Скоростной бег с мячом с изменением направления движения - 4х2 минуты

4 x 2 минуты

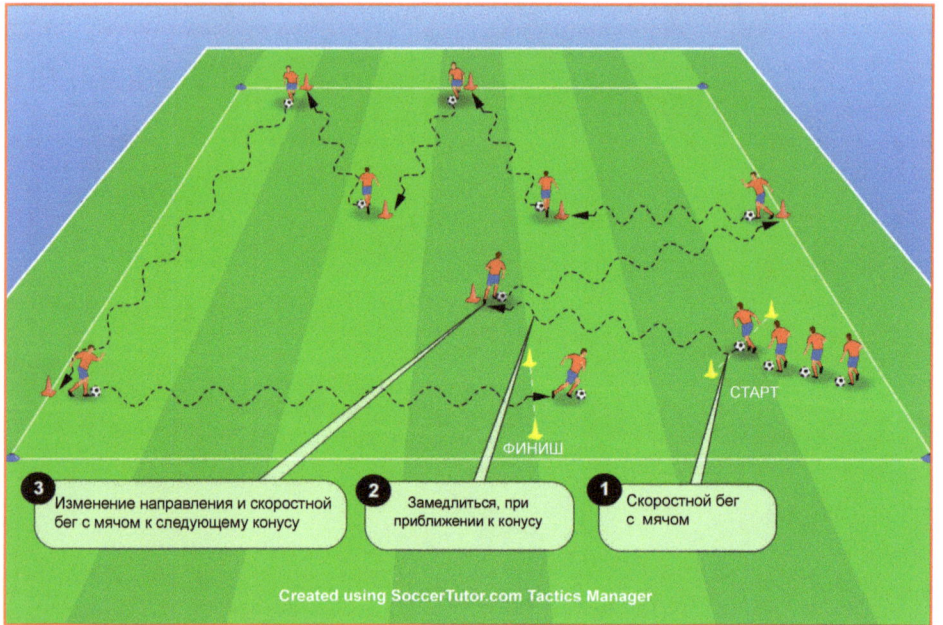

ЗАДАЧА

бег с мячом на максимальной скорости, замедление и изменение направления.

ВЫПОЛНЕНИЕ

В пределах 25х25 метров расставить конусы в показанных позициях. В этом упражнении 12 игроков с мячом, 7 из которых начинают с красных конусов, как показано на рисунке. Все остальные игроки начинают с промежуточных ворот из желтых конусов.

Игроки должны:

1. Бежать с максимальной скоростью к следующему конусу.

2. Замедлиться, когда они приближаются к конусу.

3. Наконец, изменить направление, чтобы бежать с мячом на максимальной скорости до следующего конуса.

Это повторяется до тех пор, пока игроки, не достигнут финишной линии. Игроки выполняют непрерывные старты в течение 2 минут, прежде чем отдохнуть. Повторить 4 раза.

ВАРИАНТ

По сигналу тренера все игроки должны поменять направление - финишная линия становится стартовой и наоборот.

ЧАСТЬ 1: СКОРОСТНОЙ БЕГ С МЯЧОМ

Скоростной бег с мячом на различные позиции в построении 3-3-1

8 минут

ЗАДАЧА
бег с мячом на скорости, на разные позиции и обратно.

ВЫПОЛНЕНИЕ
В этом упражнении 12 игроков в пределах половины молодежного поля.

Конусы предназначены для схемы 3-3-1, которую мы используем для соревновательных игр 8x8. На каждом центральном конусе по 2 игрока, а на фланговых конусах 1 игрок.

Мы начинаем 4 мячами одновременно с центральных конусов (1, 3, 5 и 7). Игроки бегут с мячом к следующему конусу, где отдают мяч следующему игроку. Они остаются на этом конусе в ожидании следующего игрока и мяча.

Это упражнение представляет собой непрерывную цепь (1 -> 2 -> 3 -> 4 -> 5 -> 6 -> 7 -> старт).

ВАРИАНТЫ
1. Создать другую последовательность с возможностью изменения направления после сигнала тренера.
2. Добавить один или два паса как часть последовательности.

ЧАСТЬ 1: СКОРОСТНОЙ БЕГ С МЯЧОМ

Скоростной бег с мячом наперегонки

4 x 3 минуты

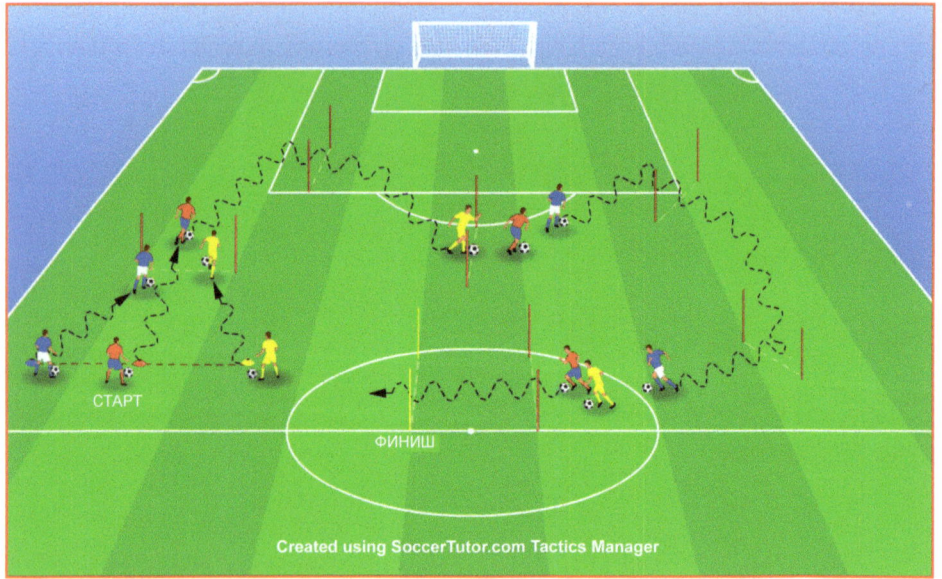

ЗАДАЧА: контроль мяча разными частями стопы и скоростной бег с мячом в соревновательной гонке.

ВЫПОЛНЕНИЕ

Используя половину молодежного поля, поставить 7 ворот из стоек в показанных позициях. Игроки в трех командах, и у каждого игрока мяч.

По одному игроку из каждой команды начинают бежать с мячом по кругу так быстро, как только могут. Если пропущены ворота, игрок должен вернуться и пройти через них.

Первый игрок, который пересек финишную черту, получает 1 очко за свою команду. Несколько групп могут участвовать в гонках одновременно, как показано на рисунке - просто оставьте достаточно времени между группами.

ДОЗИРОВКА

Игроки делают 4 повторения по 3 минуты. Команда с наибольшим количеством очков в конце побеждает.

ВАРИАНТЫ

1. Игроки соревнуются друг с другом в парах.
2. Выполнить упражнение как эстафету с игроками, стоящими на разных этапах трассы, ожидающими своего партнера по команде и забирающими у них мяч для продолжения гонки.

ЧАСТЬ 1: СКОРОСТНОЙ БЕГ С МЯЧОМ

Скорость и техника в гонке 1x1

8-10 минут

ЗАДАЧА: владение мячом, бег с мячом и скорость реакции.

ВЫПОЛНЕНИЕ

Выделите квадрат, соответствующий уровню игроков. Мы создаём линии из 4 конусов и ворот из стоек (или мини-ворот) в каждом углу, как показано на схеме.

Для этого упражнения у центрального конуса с мячом находятся 2 игрока. Они ждут сигнал тренера, который называет 2 цвета.

Как только тренер выкрикивает 2 цвета (например, «Жёлтый и Синий»), игроки должны вести мяч к углу одного из названного цвета, пройти через 4 конуса, а затем пропустить мяч между стойками (или малыми воротами) чтобы забить.

Только игрок, который забил первым, получает очко.

ВАРИАНТЫ

1. Назвать 1 цвет, а игроки соревнуются, пытаясь забить в одни и те же ворота.
2. Участвуют 4 игрока, тренер называет 2 цвета.
3. Участвуют 4 игрока, которые соревнуются, чтобы бежать одновременно во все четыре угла.

ЧАСТЬ 1: СКОРОСТНОЙ БЕГ С МЯЧОМ

Быстрая реакция и бег с мячом в скоростном состязании

8-10 минут

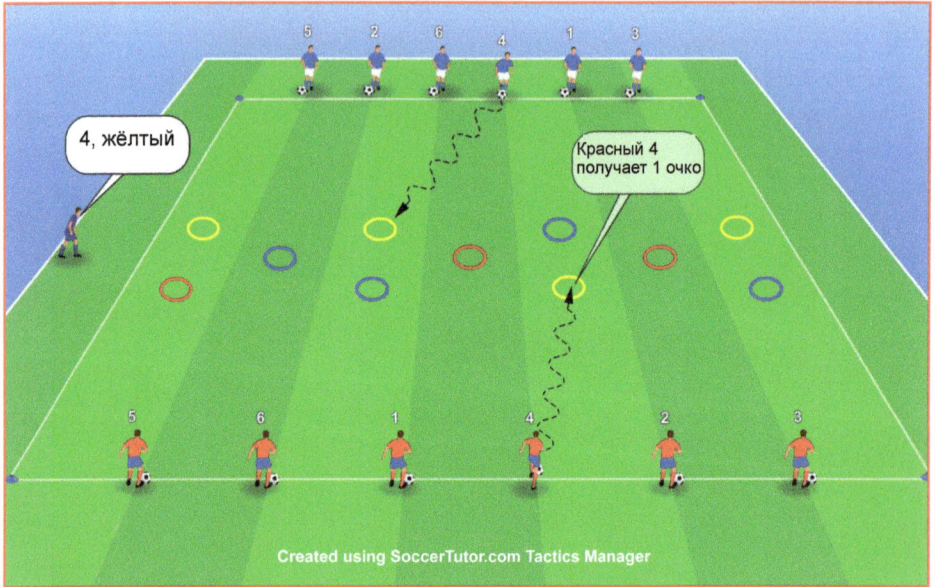

ЗАДАЧА: быстрая реакция и бег с мячом на скорости из положения стоя.

ВЫПОЛНЕНИЕ

Мы создаём квадрат 20х20 метров и размещаем в центре обручи разного цвета, как показано на рисунке. У нас есть две команды по 6 игроков, каждому из которых присвоен свой номер.

Упражнение начинается, когда тренер называет число и цвет.

В примере с рисунка игроки №4 из красных и синих команд должны быстро отреагировать и вести мяч в желтый обруч. Первый игрок, который сделает это, зарабатывает очко для своей команды.

ВАРИАНТЫ

1. Тренер называет несколько цифр и 1 цвет.

2. Тренер называет 1 номер и несколько цветов. Затем игроки должны вести мяч и останавливать его во всех цветных кольцах последовательно, в том порядке, в котором их называет тренер.

3. Тренер называет несколько цифр и несколько цветов.

ЧАСТЬ 1: СКОРОСТНОЙ БЕГ С МЯЧОМ

Быстрое принятие решений в различных ситуациях

8-10 минут

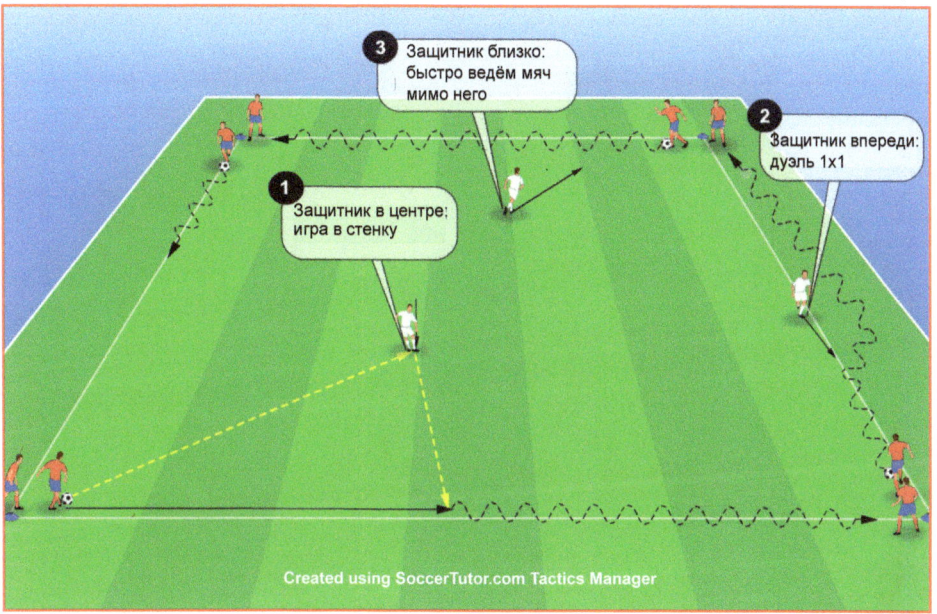

ВЫПОЛНЕНИЕ

Создать квадрат 15-20 метров. У нас 8 красных атакующих игроков (по 2 в каждом углу) и 3 белых защитника внутри.

Упражнение начинают 4 красных игрока (каждый с мячом) одновременно из каждого угла. Они должны оценить позицию защитника, чтобы принять правильное решение, прежде чем передать мяч следующему игроку в следующем углу:

1. Если защитник расположен посередине, атакующий играет с защитником в стенку, получает ответный пас и ведет мяч в следующий угол.
2. Если защитник впереди, то ведите мяч вперед и попытайтесь победить его в поединке 1 на 1.
3. Если защитник находится близко и сбоку, быстро ведите мяч мимо него в свободное пространство.

Защитники меняют углы после каждого действия.

ВАРИАНТЫ

1. Если защитник расположен посередине, атакующий играет с защитником в стенку, получает ответный пас и ведет мяч в следующий угол.
2. Если защитник впереди, то ведите мяч вперед и попытайтесь победить его в поединке 1 на 1.

Бег с мячом в охраняемую центральную зону

8 минут

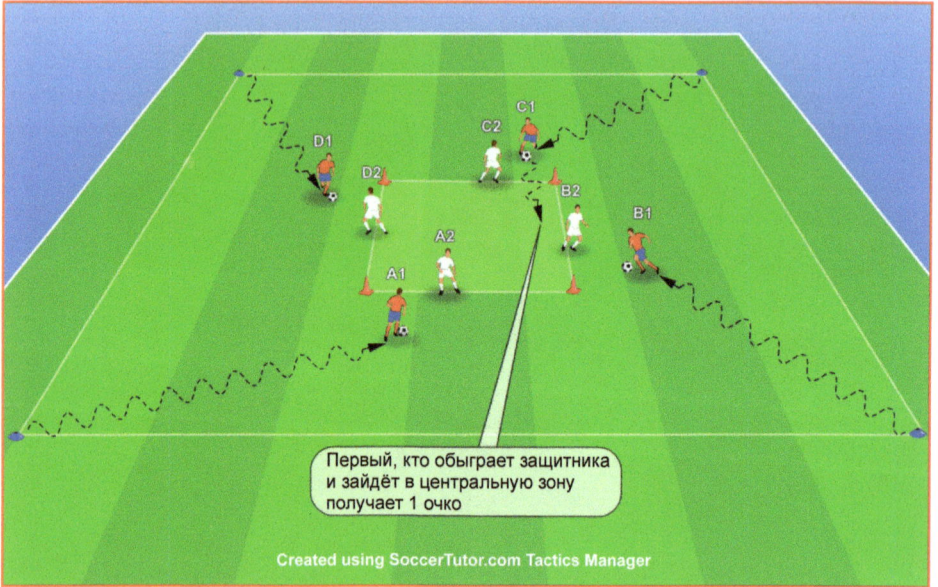

ЗАДАЧА: аккуратное ведение мяча на скорости мимо соперника.

ВЫПОЛНЕНИЕ

В квадрате 20х20 метров мы выделяем центральную зону 5х5 метров. У нас есть 8 игроков в парах - 4 игрока (красные) начинают с мячом в углах, а другие игроки (белые) начинают с того, что садятся и сидя защищают каждый свои ворота.

Упражнение начинается, когда красные игроки быстро бегут с мячом в сторону белых игроков и, приближаясь к ним, выполняют одну смену направления, чтобы пройти мимо них.

Первый красный игрок, который войдет в центральную зону, получает очко. Если защитник выигрывает мяч, игроки меняются ролями.

ВАРИАНТЫ

1. Защитники на ногах (как показано на схеме), а не сидят.
2. Игрок, ведущий мяч, может использовать два изменения направления, чтобы обыграть своего противника и пройти через конусные ворота.

ЧАСТЬ 1: СКОРОСТНОЙ БЕГ С МЯЧОМ

Скоростной бег с мячом, с задачей освободиться от опеки

8-10 минут

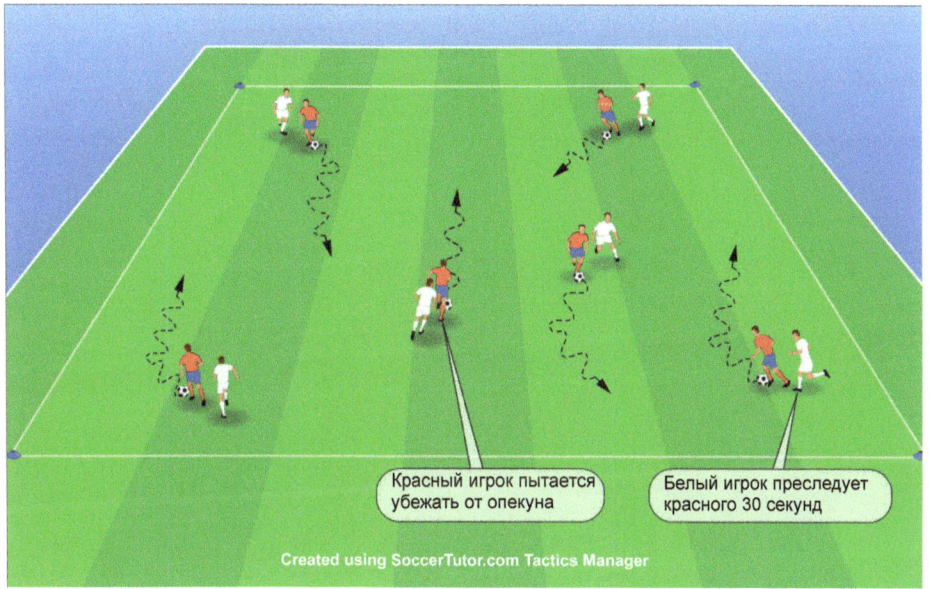

Красный игрок пытается убежать от опекуна

Белый игрок преследует красного 30 секунд

ЗАДАЧА: бег с мячом на скорости и с хорошим контролем, чтобы освободиться от опеки и сохранить владение мячом.

ВЫПОЛНЕНИЕ

В зоне 15х15 метров игроки занимаются в парах. У одного игрока есть мяч, и он пытается держать его подальше от второго игрока (защитника), который его преследует.

Игрок с мячом должен попытаться бежать с мячом на максимальной скорости, чтобы попытаться «выйти из тени». Тень (защитник) должна следить за движениями игрока с мячом в течение 30 секунд, после чего они меняются ролями.

Если игроку удаётся удержать мяч и оставаться в пределах игровой зоны в течение 30 секунд, он получает очко.

ВАРИАНТЫ

Начнем с того, что защитник пассивен - вы можете развивать упражнение до полностью активного защитника, в зависимости от уровня игроков.

ЧАСТЬ 1: СКОРОСТНОЙ БЕГ С МЯЧОМ

Скоростной бег с мячом в игре «Собери сокровища»

10 минут

ВЫПОЛНЕНИЕ

В зоне 25х25 метров создать квадрат 20х20 метров с 4 воротами из конусов и множеством маркеров (сокровищ) в центре. У нас есть 4 белых игрока, охраняющих ворота, как показано.

На внешней площади есть 2 обруча за каждыми воротами, и мы начинаем с 4 синих игроков и 4 красных игроков, каждый с мячом.

1. Они начинают с дриблинга внутрь, чтобы поднять маркер.
2. Затем они должны попытаться пройти мимо одного из белых защитников и через конусные ворота, чтобы положить «сокровище» в обруч своей команды.

Игроки повторяют это в течение всего упражнения, пытаясь собрать как можно больше «сокровищ». Команда, набравшая наибольшее количество предметов за определенное время, выигрывает игру. Если белый защитник касается или выигрывает мяч, тот игрок, который его потерял, должен попытаться войти / выйти через другие конусные ворота.

ВАРИАНТЫ

1. Заставьте игроков менять ворота каждый раз, когда они берут маркер - они не могут вернуться в одно и то же место.
2. Игроки должны использовать смену направления, чтобы пройти через конусные ворота и обыграть защитника.

ЧАСТЬ 2

ДРИБЛИНГ ПРОТИВ СОПЕРНИКА И СИТУАЦИИ 1х1

МЕТОДИКА ТРЕНИРОВКИ ДРИБЛИНГА ПРОТИВ СОПЕРНИКА

- Надо много работать над дриблингом против соперников на протяжении всего сезона, так как это очень полезный навык во всех соревновательных играх.

- Нужно внушить, что дриблинг очень полезен, но его следует применять, только когда это необходимо - чем ближе вы к воротам соперника, тем лучше.

- Задача развивать дриблинг с изменением направления, чтобы обыгрывать противников с обеих сторон (справа и слева).

- Молодые игроки, как правило, всегда ведут мяч в одну сторону, поэтому в тренировочном процессе они должны научиться, одинаково хорошо, играть в обе стороны.

- Игроки должны научиться бегать с мячом на скорости и понимать, в какой момент нужно убрать мяч в сторону от своего противника.

- В качестве следующего шага в развитии игроки могут изучать конкретные движения, чтобы обыграть защитников, которые могут постоянно повторяться на протяжении всего упражнения и ускоряться по мере повышения их технического уровня.

ЧАСТЬ 2: ДРИБЛИНГ ПРОТИВ СОПЕРНИКА И СИТУАЦИИ 1x1

Движение с обводкой соперника в непрерывном цикле

8-10 минут

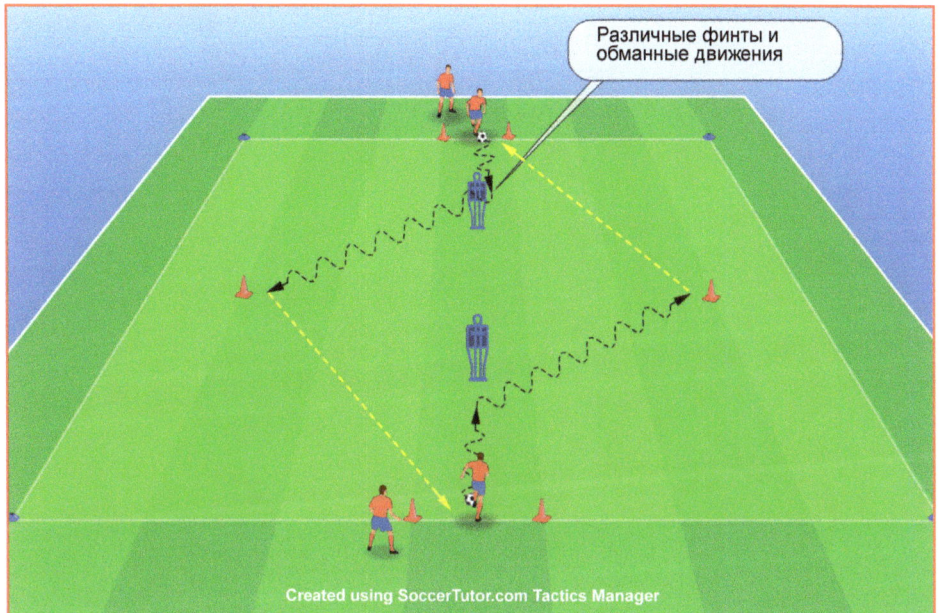

Различные финты и обманные движения

ВЫПОЛНЕНИЕ

Создать 15-метровый квадрат и поставить конусы и манекены (или большие конусы) в показанные позиции. У нас 4 игрока, и упражнение начинается 2 мячами одновременно с противоположных сторон.

Игроки бегут вперед с мячом, а затем проходят мимо манекена (используя обманное движение, чтобы обыграть его) в направлении конуса с правой стороны. Когда они достигают конуса, они выполняют передачу на противоположную сторону и следуют за мячом. Это непрерывный цикл. Каждые две минуты мы меняем обманное движение - вот несколько примеров:

- «Ножницы», убираем мяч в сторону внутренней стороной стопы той же ноги, которой переступили через мяч.
- «Ножницы», убираем мяч в сторону внешней стороной стопы противоположной ноги.
- «Чоп», бегите вперед с мячом, выдвигайте ведущую ногу вперед, а затем используйте внутреннюю сторону стопы той ноги, которая сзади, чтобы убрать мяч в сторону от защитника.
- «Двойные ножницы», убираем мяч в сторону внутренней или внешней стороной стопы.

РАЗВИТИЕ

1. Сделайте два подряд обманных движения, чтобы обыграть защитника, прежде чем сделать пас.
2. Замените манекен (или большой конус) пассивным защитником, которого нужно обыграть.

©SoccerTutor.com ФЕДЕРАЦИЯ ФУТБОЛА ИСПАНИИ

Обводка соперника в зонной дуэли 1x1

8-10 минут

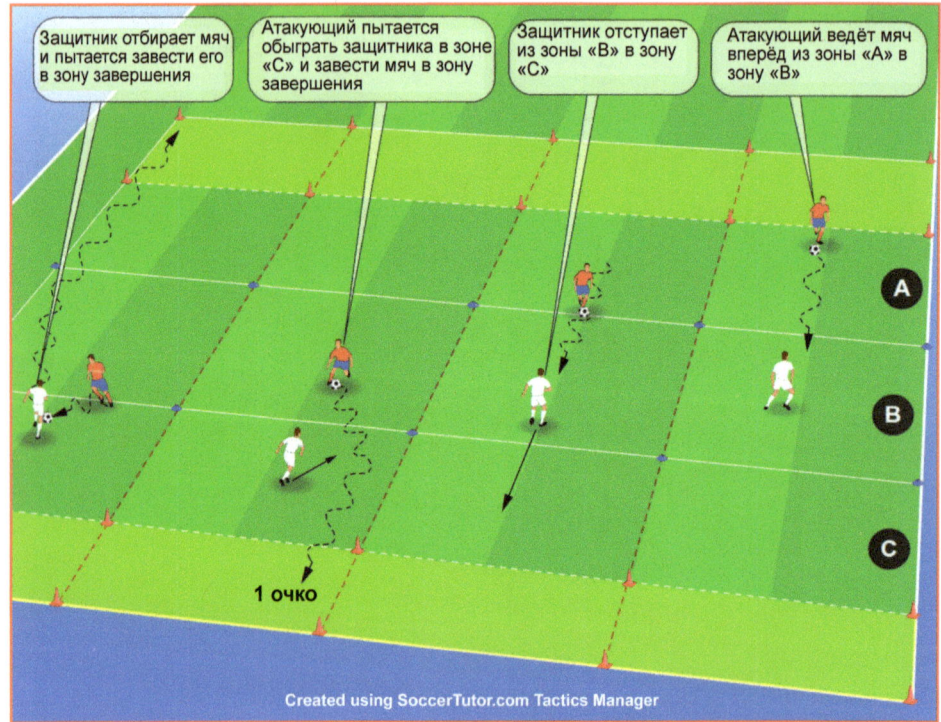

ВЫПОЛНЕНИЕ

Для этого упражнения у нас есть коридоры 1x1 с 3 зонами длиной 5 метров (A,B,C) + 2 желтые зоны завершения (2,5 метра). Задача пройти с мячом мимо защитника в зону завершения, чтобы набрать очко. Однако есть определенные шаги, которые необходимо предпринять:

1. Атакующий (красный) начинает бежать вперед с мячом из зоны A в зону B.
2. Защитник (белый) отходит из зоны B в зону C. Там он будет готовиться встретить атакующего игрока, меняя положение своего тела и выбирая подходящий момент, чтобы сразиться с атакующим и попытаться отобрать мяч.
3. Атакующий пытается пройти мимо защитника в зоне C и попасть в зону завершения (1 балл).
4. Если защитник (белый) выигрывает мяч, он пытается бежать с мячом в противоположную зону завершения (1 очко), а красный игрок пытается вернуть мяч. Что бы ни случилось, начинает снова красный игрок.

В середине упражнения поменяйте игроков ролями.

ЧАСТЬ 2: ДРИБЛИНГ ПРОТИВ СОПЕРНИКА И СИТУАЦИИ 1х1

Обводка соперника в упражнении с зонами завершения

8-10 минут

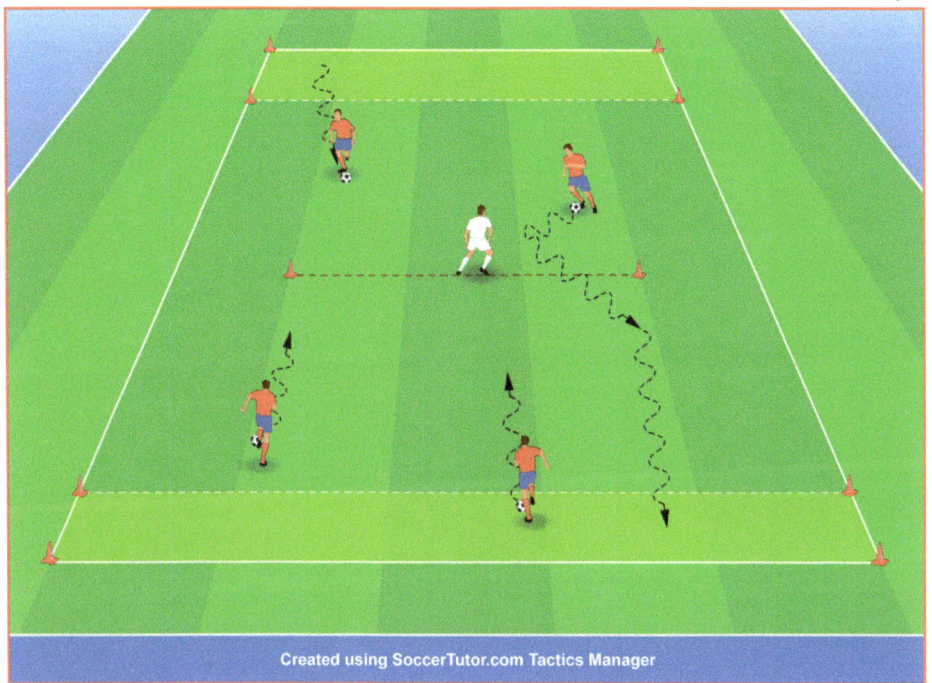

ЗАДАЧА: дриблинг против фронтального защитника с изменением направления и различными приемами.

ВЫПОЛНЕНИЕ

На участке поля 10х20 метров создать две зоны завершения и конусные ворота в центре, которые защищает 1 игрок. На каждой стороне есть 2 или более игроков с мячом.

Задача бежать с мячом из одной зоны завершения в другую, используя обманное движение, чтобы обыграть защитника и пройти через центральные конусные ворота.

Игроки продолжают непрерывно двигаться от одного конца к другому через конусные ворота. Если защитник выигрывает мяч или выбивает мяч за пределы площадки, он меняется ролями с игроком, потерявшим мяч.

РАЗВИТИЕ

1. Уменьшить размер ворот, чтобы увеличить сложность.
2. Добавить второго защитника, пытающегося выиграть мяч.
3. Выполняйте все обманные движения слабой ногой.

ЧАСТЬ 2: ДРИБЛИНГ ПРОТИВ СОПЕРНИКА И СИТУАЦИИ 1x1

Обводка соперника в игре «Бульдог»

8 минут

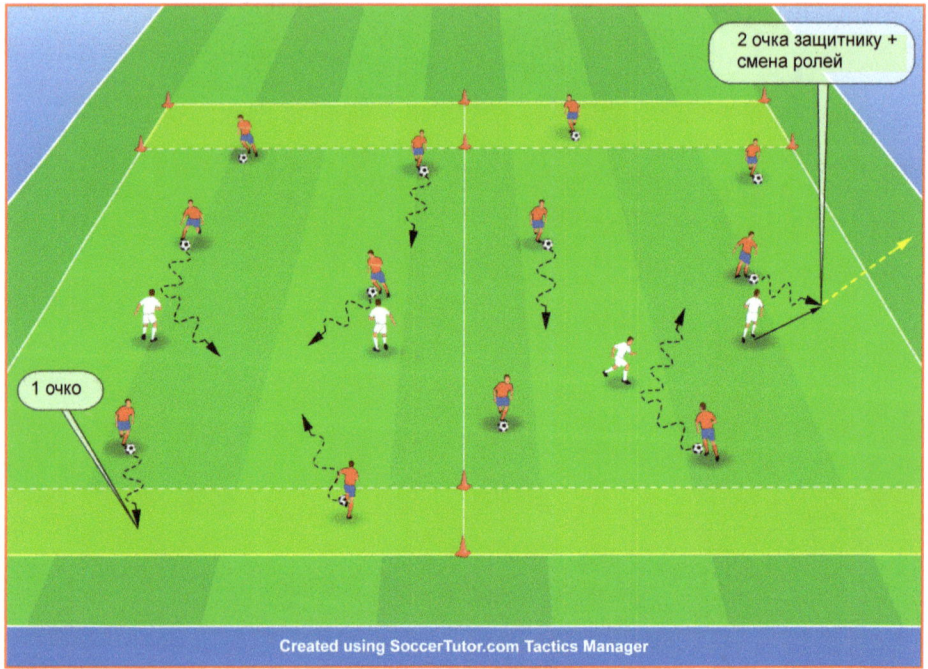

ЗАДАЧА: дриблинг против фронтальных защитников с изменением направления и различными приемами в непрерывной игре.

ВЫПОЛНЕНИЕ

Для этой игры разделить игроков на группы по 6-8 человек. Каждая группа играет в зоне 10x30 метров. Два игрока выступают в качестве защитников, а другие игроки ведут мяч из одной зоны завершения в другую - каждый раз, когда они могут это сделать, они набирают 1 очко.

Если защитник выигрывает мяч или выбивает его за пределы поля, он получает 2 очка и меняется ролями с игроком, потерявшим мяч.

Игрок с наибольшим количеством очков в конце выигрывает.

РАЗВИТИЕ

1. Выполните упражнение с командами в равных составах. Например: 3 против 3 - у трех атакующих есть 4 минуты, чтобы набрать максимум очков против 3-х защитников. Поменяйте их ролями на следующие 4 минуты и посмотрите, какая команда наберет наибольшее количество очков.
2. Выполняйте все обманные движения слабой ногой.

Обводка соперника и укрывание мяча в игре «за одну минуту»

5-7 минут

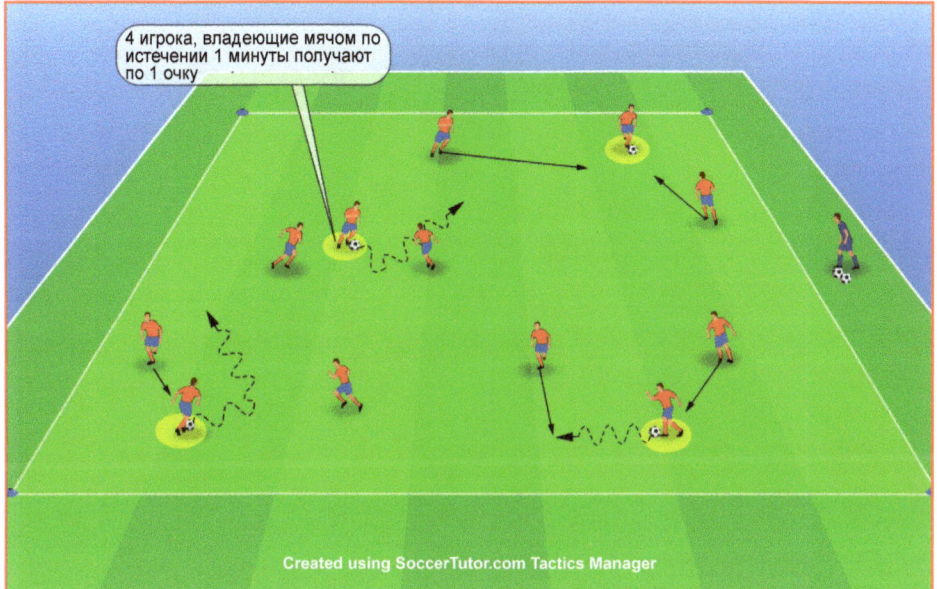

4 игрока, владеющие мячом по истечении 1 минуты получают по 1 очку

ЗАДАЧА: непрерывная обводка соперников под давлением.

ВЫПОЛНЕНИЕ

В этой игре «за одну минуту» мы играем все против всех в зоне 20x20 метров.

В этом примере у нас 12 игроков и 4 мяча - вы можете изменить это в зависимости от возраста / уровня игроков. Вы можете просто сделать так, чтобы 4 игрока начали с мячами или поместить 4 мяча в середине, перед началом упражнения.

Каждый игрок с мячом должен пытаться пройти мимо своих противников и сохранить владение мячом. По истечении минуты все 4 игрока, владеющие мячом, получают очко.

Мы играем несколько игр (5-7'), и первый игрок, который наберет 3 очка, выигрывает.

РАЗВИТИЕ

1. После каждой игры «за одну минуту» мы убираем 1 мяч, поэтому сложность упражнения значительно возрастает.
2. Не позволяйте игрокам просто сохранять технический контроль над мячом или прикрывать его - они должны постоянно располагаться лицом к своим противникам и пытаться провести мяч мимо них.

Обводка соперника сквозь конусные ворота в ситуации 1х1

8-10 минут

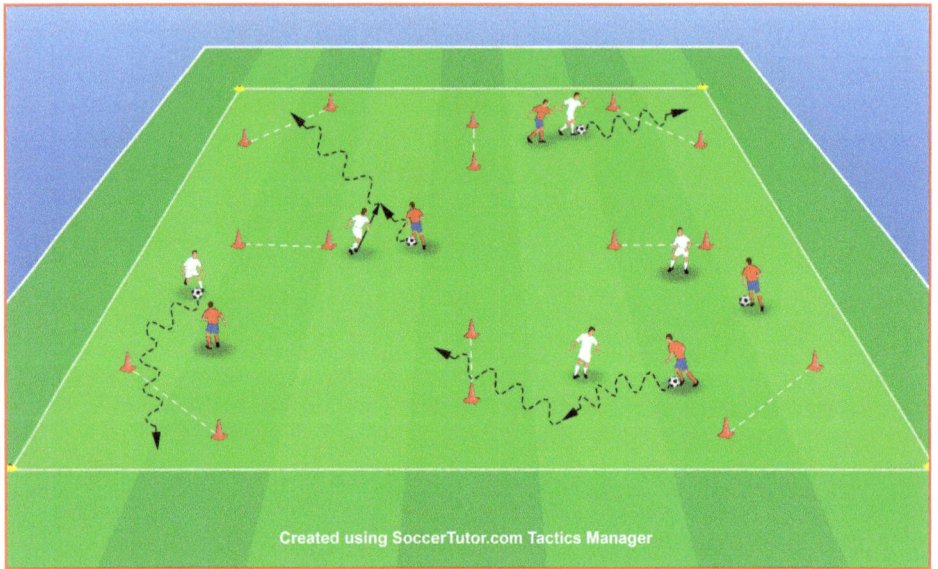

ЗАДАЧА: аккуратный дриблинг обеими ногами с обводкой соперника.

ВЫПОЛНЕНИЕ

В зоне 20х20 метров у нас 10-12 игроков и 8 конусных ворот, как показано на рисунке. Красные игроки начинают с мячами, а белые защищают конусные ворота.

Задача сблизиться с защитником и пройти мимо него, а затем пройти через конусные ворота. Каждый раз, когда это происходит, они получают 1 очко для своей команды.

Если защитник выигрывает мяч, он получают 1 очко и меняется ролями с атакующим игроком.

ВАРИАНТЫ

1. Выполняйте все обманные движения слабой ногой.
2. Игроки, которые защищаются, должны держать ноги вместе. Это облегчает задачу атакующим игрокам.

ЧАСТЬ 2: ДРИБЛИНГ ПРОТИВ СОПЕРНИКА И СИТУАЦИИ 1х1

Спринт, изменение направления, приём, обводка и завершение

8-10 минут

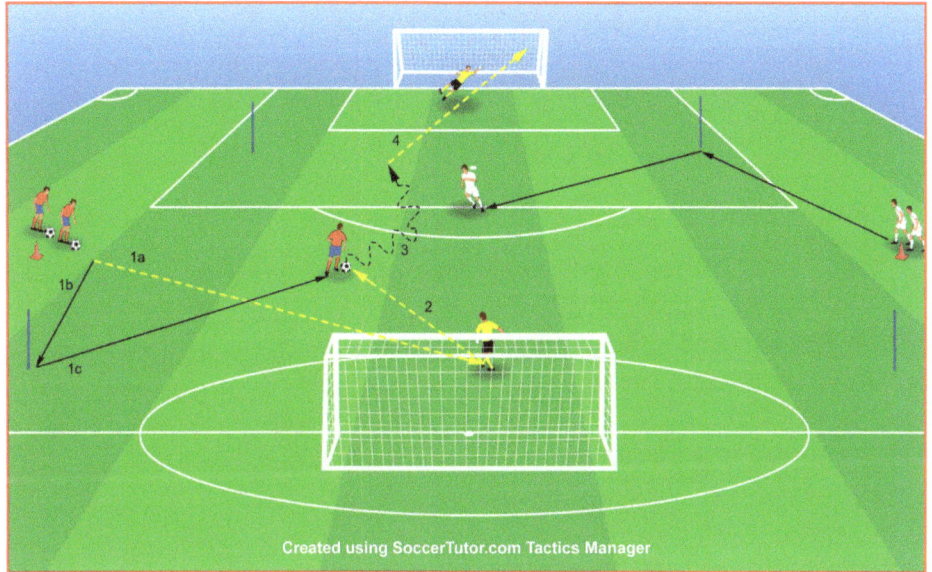

ЗАДАЧА: получать мяч, обыгрывать соперника, забивать.

ВЫПОЛНЕНИЕ

В этом упражнении используем половину молодежного поля. У нас есть 6 полевых игроков (2 команды по 3) и 2 ворот с вратарями. Две команды начинают в параллельных позициях с обеих сторон.

Чтобы начать, красный игрок пасует вратарю и бежит к стойке. Затем он меняет направление и бежит вперед, чтобы получить обратный пас от вратаря. Одновременно белый игрок выполняет такой же бег (сначала к стойке, потом навстречу красному игроку) и начинает защищать ворота.

Красный игрок должен обыграть защитника и попытаться забить. Если он делает это, то получает 1 очко для своей команды - если защитник выигрывает мяч или выбивает его из игры, он получает 1 очко.

2 команды поочередно атакуют и обороняются - следующее повторение начнется с передачи белого игрока вратарю, а тот сделает обратный пас игроку.

РАЗВИТИЕ

1. Гол считается за два, если атакующий забивает в течение 7 секунд после получения паса, а защитник не касается мяча.
2. Играть 2 на 2 - акцент все еще делается на том, чтобы обыграть защитника и забить (а не на пас).

ЧАСТЬ 2: ДРИБЛИНГ ПРОТИВ СОПЕРНИКА И СИТУАЦИИ 1х1

Быстрая реакция и обводка соперника в дуэли 1х1

10-15 минут

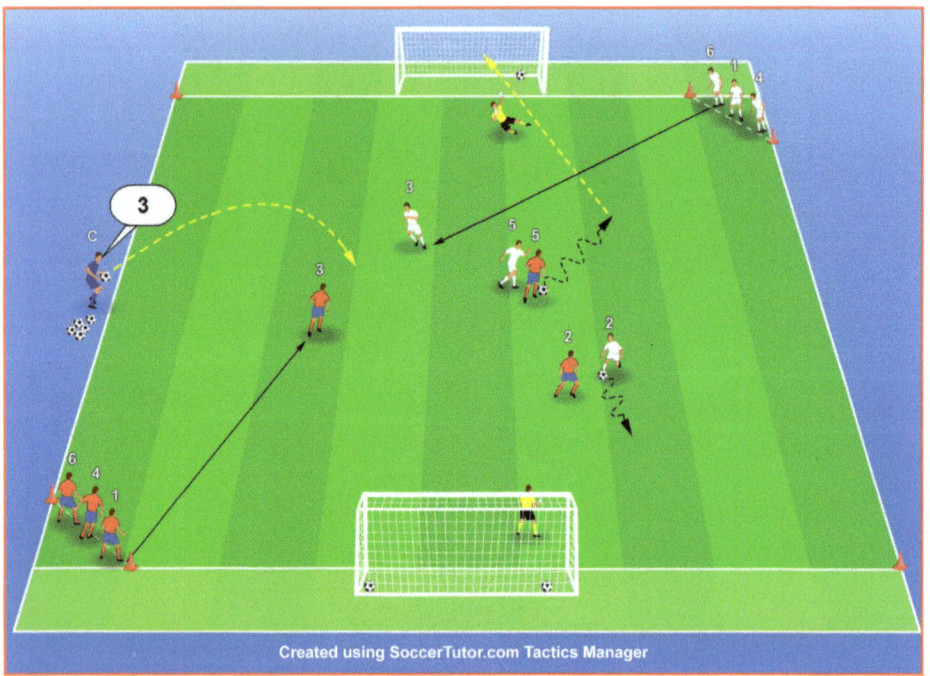

ЗАДАЧА: быстрая реакция и обводка соперника в ситуациях 1х1.

ВЫПОЛНЕНИЕ

В зоне 30х30 метров у нас две команды, расположенные в противоположных углах и пронумерованные 1-6. Есть также 2 ворот с вратарями, и тренер за боковой линией с большим количеством мячей.

Каждому игроку присваивается номер, и тренер называет эти номера так часто, как ему нравится. Когда называется номер, эти два игрока бегут в середину, чтобы побороться за мяч, брошенный тренером.

Тогда у нас ситуация 1 на 1, и атакующий должен попытаться пройти мимо своего противника, чтобы забить. Если защитник выигрывает мяч, он пытается забить в противоположные ворота. Если мяч выходит из игры, игроки возвращаются на свои стартовые позиции.

ВАРИАНТЫ

Тренер может назвать 2 или 3 номера и бросить только один мяч, в результате чего игроки соревнуются в ситуациях 2х2 или 3х3. Тем не менее, фокус по-прежнему на том, чтобы игрок с мячом прошёл мимо соперника и пробил (а не на пас).

ЧАСТЬ 3

СИТУАЦИИ 2х1, 2х2, 3х1, 3х2, 3х3

МЕТОДИКА ТРЕНИРОВКИ СИТУАЦИЙ 2х1, 2х2, 3х1, 3х2, 3х3

- Две предыдущие главы «Бег с мячом на скорости» и «Дриблинг против соперников» закладывают основу для тренировочных поединков.

- Дуэли имеют основополагающее значение для развития и знания этой игры. Мы проводим мини-матчи на небольших площадях с различными задачами и вариантами, чтобы подготовить игроков к ситуациям, с которыми они столкнутся на протяжении всей своей карьеры.

- Сколько раз в футбольном матче возникает ситуация 1х1? Или 2х1? Или 2х2? Честно говоря, постоянно, все время! Мы тренируем это до ситуации 3х3, которая часто встречается в играх. Чем больше вы тренируете эти ситуации, тем больше у игроков появляется идей, когда такие ситуации возникают в соревновательных матчах.

Оторваться от опекуна, принять мяч и выполнить обратный пас

8-10 минут

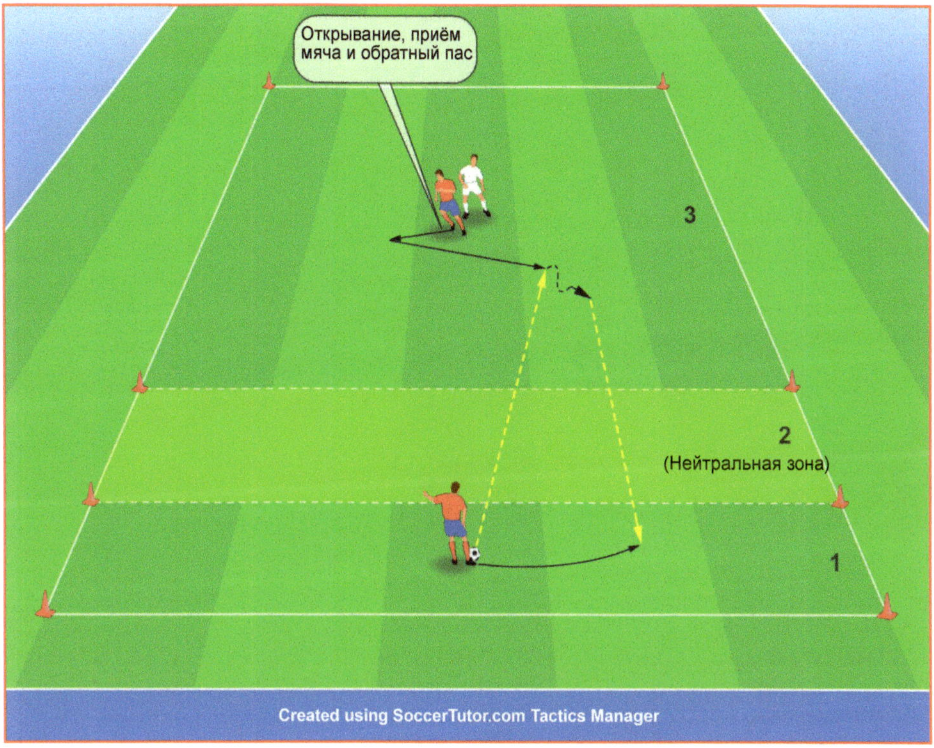

ЗАДАЧА: оторваться от опекуна, чтобы получить мяч в свободном пространстве (1х1).

ВЫПОЛНЕНИЕ

На площадке 10х20 метров мы выделяем 3 зоны, как показано на рисунке. В первой зоне игрок с мячом. Вторая зона - это пустая «нейтральная зона», куда ни один игрок не может войти в любое время. В третьей и самой большой зоне у нас есть 1 атакующий и 1 защитник.

Цель атакующего игрока - отойти от защитника и двигаться, чтобы получить передачу в свободное пространство. Если атакующий может убежать от опекуна, он должен быть в состоянии принять мяч и вернуть его товарищу по команде в первой зоне (1 очко). Защитник пытается перехватить пас и выиграть мяч (1 очко). Через определенное время поменяйте роли игроков.

ВАРИАНТЫ

1. Меняйте роли игроков каждый раз, когда защитник сможет выиграть мяч.
2. Игрок ограничен одним касанием – первым касанием отдавать пас назад.

ЧАСТЬ 3: СИТУАЦИИ 2х1, 2х2, 3х1, 3х2, 3х3

Быстрая атака в ситуации 2х1 (+1)

8-10 минут

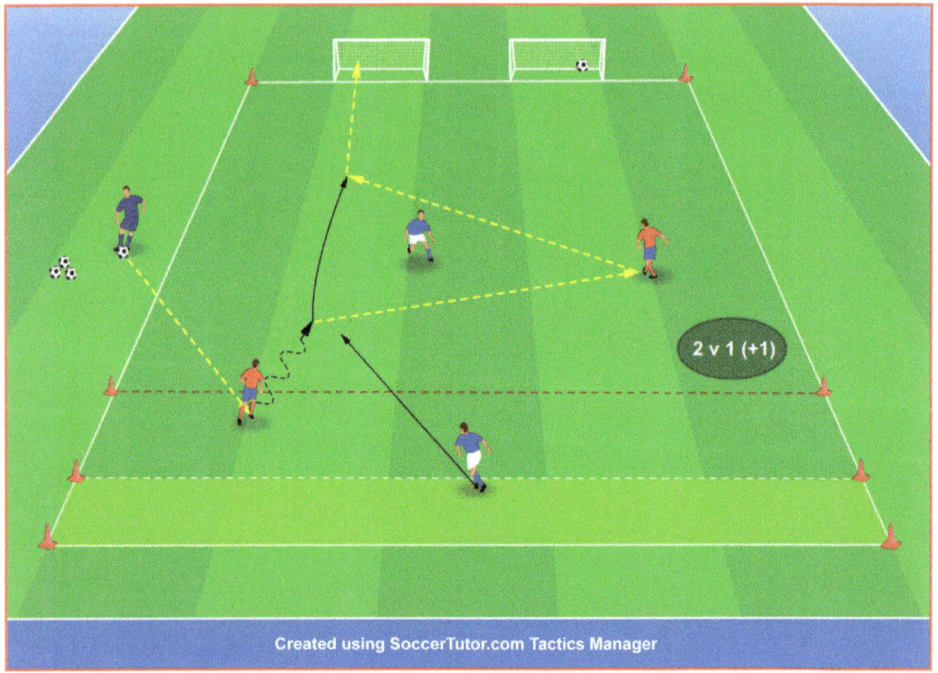

ЗАДАЧА: быстро воспользоваться преимуществом ситуации 2х1, прежде чем появится поддержка в обороне.

ВЫПОЛНЕНИЕ

На игровом поле 15х20 метров мы отмечаем 5-метровую зону с одной стороны, как показано. Тренер начинает упражнение с передачи мяча самому глубокому красному игроку, и у нас изначально есть ситуация 2 на 1, где красные пытаются быстро забить в любые из 2 малых ворот. Есть дополнительный синий игрок, который начинает в зоне завершения - он может бежать назад, чтобы помогать в обороне, как только красный игрок коснется мяча.

Первый синий игрок стремится задержать атаку красных, давая время второму синему игроку вернуться и помочь в обороне, создавая, таким образом, численное равенство.

У красной команды будет 5 атак, а затем команды меняются ролями. Команда, которая забивает больше голов, побеждает.

ВАРИАНТЫ

Если обороняющейся команде удастся выиграть мяч, то они стремятся вести мяч в зону завершение или получить мяч в ней, чтобы заработать 1 очко.

ЧАСТЬ 3: СИТУАЦИИ 2x1, 2x2,3x1,3x2,3x3

Дриблинг и завершение в ситуации 2x1

10 минут

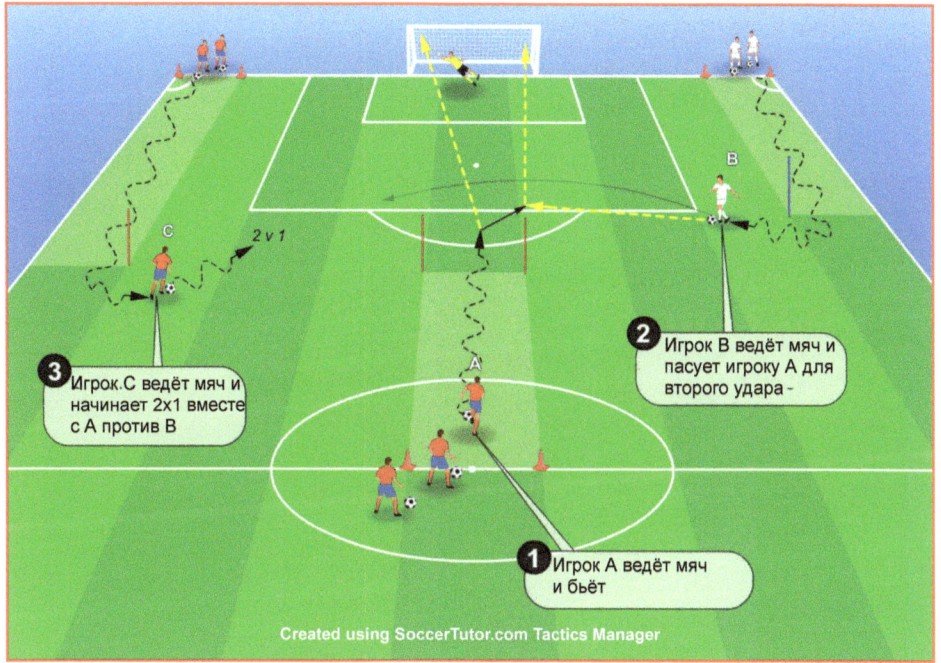

ЗАДАЧА: развивать скоростной дриблинг и удары в ситуации 2x1.

ВЫПОЛНЕНИЕ

Использовать половину молодежного поля. У нас есть 3 станции, как показано. По сигналу тренера, 3 игрока (А, В и С) начинают одновременно бежать с мячом:

1. Игрок А быстро ведет мяч вперед между стойками и бьёт с не входя в штрафную площадь.
2. Игрок В ведет мяч вокруг стойки, пасует игроку А (который бьёт в одно касание) и становится защитником.
3. Игрок С сначала ведет мяч медленнее, чем другие игроки, затем присоединяется, чтобы создать ситуацию 2x1. А и С - атакуют против В, который выступает в качестве защитника.

Игрок В должен быть сфокусирован и быстро реагировать на оборону в поединке 2x1. Меняйте роли игроков каждый раз, когда красные не забивают.

ЧАСТЬ 3: СИТУАЦИИ 2x1, 2x2, 3x1, 3x2, 3x3

Игра в стенку, приём мяча и ситуация 2x1

8-10 минут

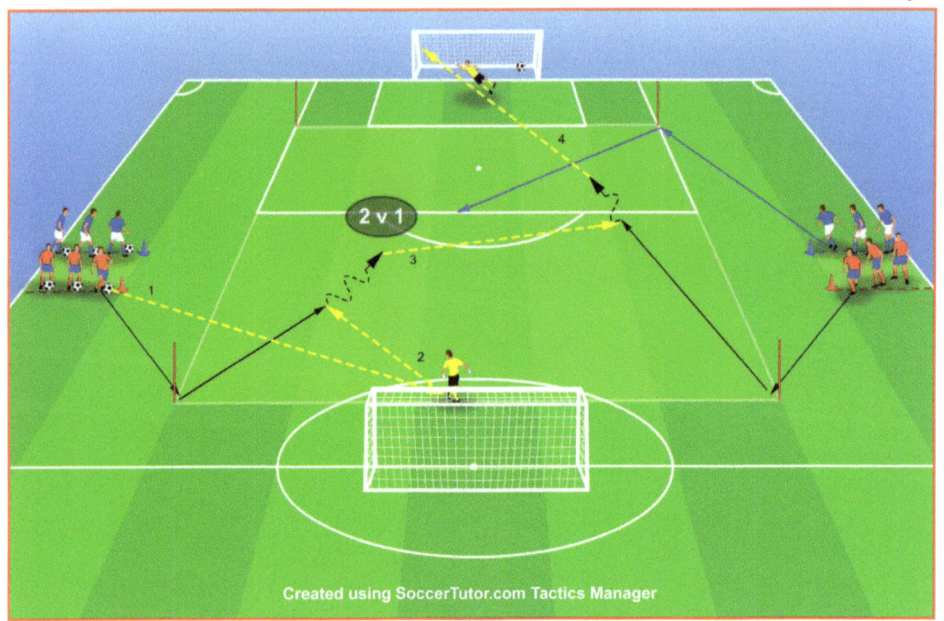

ЗАДАЧА: быстрая игра 2x1 в финальной трети.

ВЫПОЛНЕНИЕ

Используем половину молодежного поля. У нас есть 2 команды по 6 игроков в каждой. Они начинают попеременно с мячом. У нас также есть 2 больших ворот с вратарями.

На диаграмме красный игрок начинает с паса вратарю, бежит назад к стойке и затем вперед, как показано. В то же время товарищ по команде на противоположной стороне делает параллельные движения - как и синий игрок на другом конце.

Вратарь возвращает мяч красному игроку, который принимает его и начинает атаку 2x1. С этого момента 2 нападающих должны попытаться забить в течение 7 секунд (1 очко).

Синий игрок защищает ворота и пытается выиграть мяч (1 очко).

РАЗВИТИЕ

Измените ситуацию на 2x2, в которой по 1 игроку от каждой группы.

ЧАСТЬ 3: СИТУАЦИИ 2х1, 2х2, 3х1, 3х2, 3х3

Игра 2х2(+1) в четверо ворот

10 минут

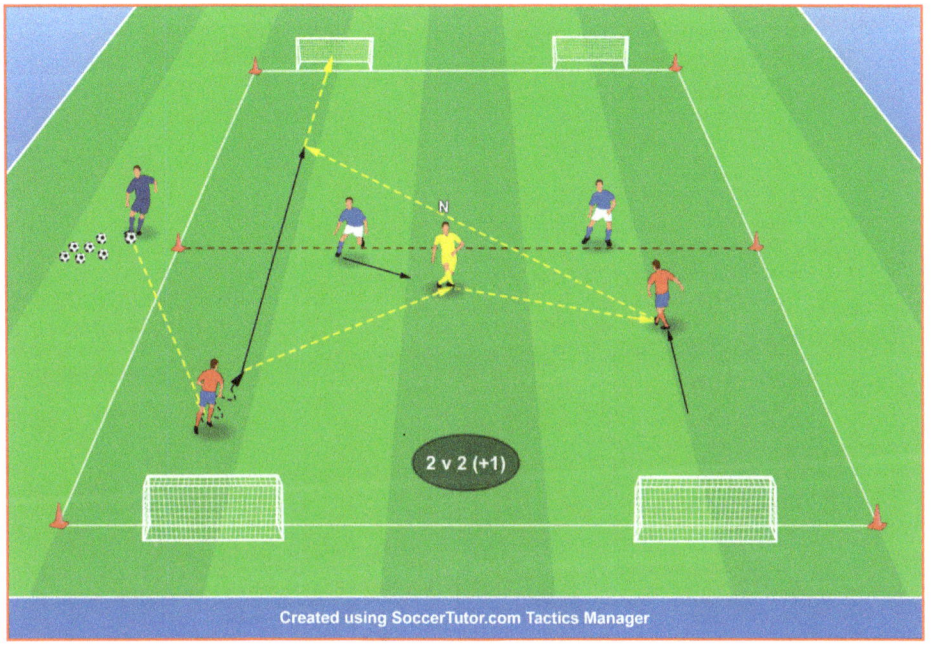

ЗАДАЧА: тренировать быстрые ситуации 3х2 (2х2 +1).

ВЫПОЛНЕНИЕ

На участке поля 10х15 метров у нас есть 2 команды по 2 игрока + 1 желтый нейтральный игрок. Есть по 2 малых ворот с каждой стороны.

Упражнение начинает тренер, который пасует одному из игроков. В примере с диаграммы красные игроки атакуют вместе с нейтральным игроком (3х2) и пытаются забить в 2 малых ворот на дальней стороне.

Синие игроки защищаются и пытаются выиграть мяч. Когда атака завершилась, мяч вышел из игры или синие выиграли мяч, тренер передает новый мяч синему игроку и начинает атаку 3х2 в противоположном направлении (с нейтральным игроком).

ВАРИАНТЫ

1. Добавьте среднюю линию (красная пунктирная линия на диаграмме). Чтобы гол был засчитан, все 3 игрока должны быть на атакующей половине, прежде чем можно будет забить.
2. Обе команды могут забить в любые из 4 ворот.

Две ситуации 2х1 подряд с двумя коридорами для атакующих

10 минут

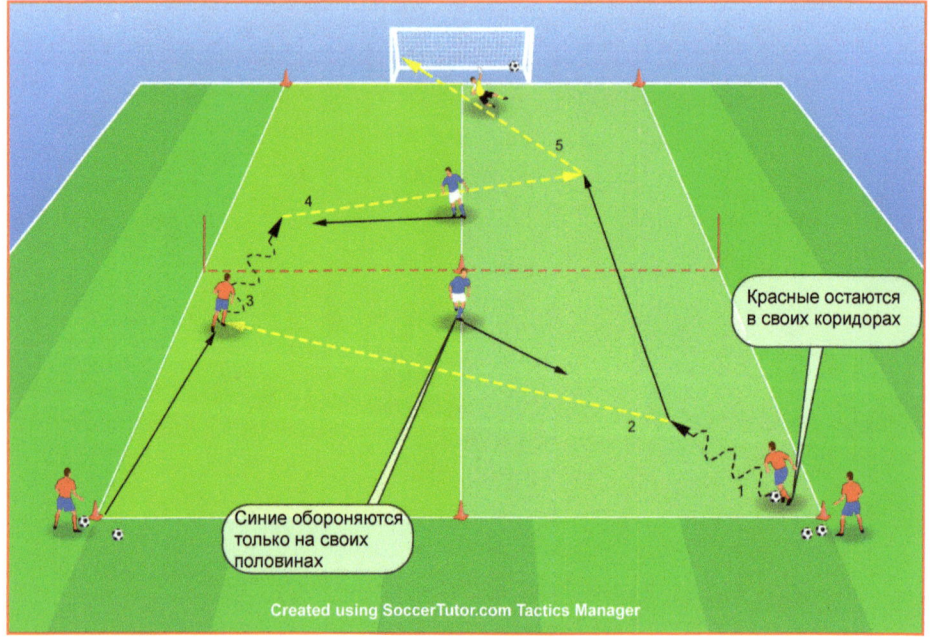

Красные остаются в своих коридорах

Синие обороняются только на своих половинах

ЗАДАЧА: тренировать быстрые атаки в ситуациях 2х1.

ВЫПОЛНЕНИЕ

Поле 15х20 метров разделить пополам горизонтально с 1 синим защитником в каждой половине. Также разделить поле пополам по вертикали на два коридора с 1 красным атакующим, действующим с каждой стороны.

Красный игрок начинает с мячом (правый коридор). 2 красных игрока атакуют в ситуации 2х1 в первом тайме, но каждый игрок должен оставаться в пределах своего коридора.

Первая цель - проникнуть на атакующую половину или получить мяч в ней. Следующая цель - снова атаковать в ситуации 2х1 против другого защитника, а затем пробить мимо вратаря.

Если атакующая пара не забивает, они меняются ролями с защитниками.

ВАРИАНТЫ

Каждая пара может защищаться в течение определенного количества времени, и они получают очки каждый раз, когда не позволяют забить гол.

ЧАСТЬ 3: СИТУАЦИИ 2х1, 2х2, 3х1, 3х2, 3х3

Видение поля, быстрая реакция и приём мяча в ситуации 2х2

10 минут

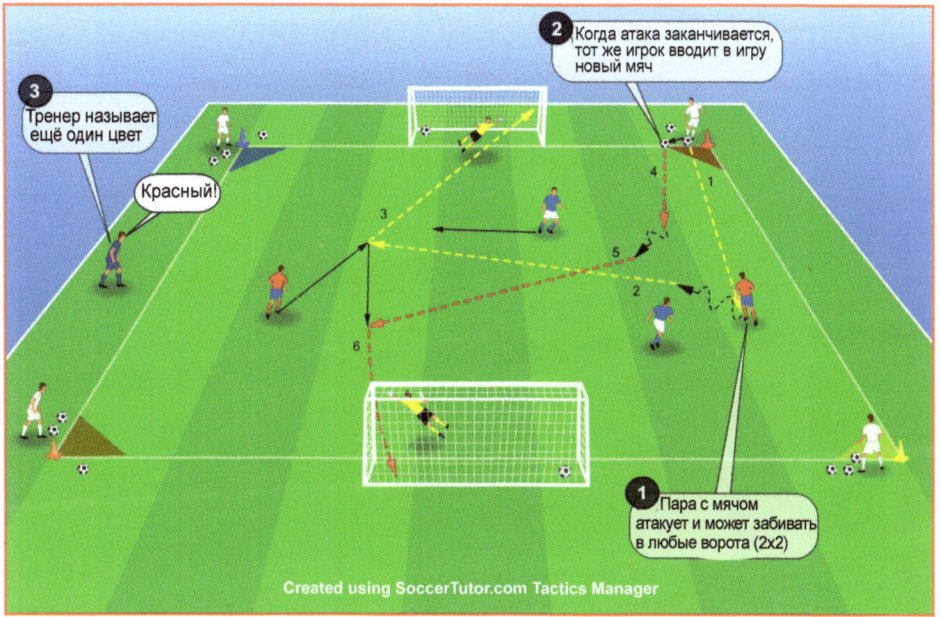

ЗАДАЧА: развивать видение поля, быструю реакцию и игру 2х2.

ВЫПОЛНЕНИЕ

В зоне 20х20 метров 2 ворот с вратарями и идёт игра 2х2. Также есть 4 нейтральных игрока в углах, каждый рядом с конусом определенного цвета.

Упражнение начинается, когда тренер вызывает цвет. Атакующая пара (красные на диаграмме) должна получить мяч от игрока рядом с конусом названного цвета, а затем попытаться забить любые ворота.

Когда атака заканчивается, они снова получают мяч от того же игрока. После второго мяча тренер вызывает новый цвет. Атакующая пара получает по 2 мяча с каждого угла и в общей сложности 8 мячей.

Они считают, сколько голов они могут забить, прежде чем команды поменяются ролями. Затем синие игроки считают, сколько голов они могут забить своими 8 мячами.

ВАРИАНТЫ

1. Изменить упражнение так, чтобы атакующие игроки меняли цвет каждый раз, когда нужен новый мяч.
2. Гол головой считается за два.

Быстрая атака в ситуации 3х2

2 x 5 минут

ЗАДАЧА: быстрая комбинационная игра и атака в ситуации 3х2.

ВЫПОЛНЕНИЕ

В пределах половины молодежного поля расставить 5 конусов, которые выступают в качестве стартовых позиций как показано на рисунке. На каждом конусе по 2 игрока.

Мы начинаем с синего игрока из-за лицевой линии, который выполняет передачу центральному красному игроку. Два других красных игрока бегут вперед со своего конуса, а два синих игрока бегут вперед, чтобы обороняться в ситуации 3х2, как только красный игрок принимает мяч.

Красные игроки должны попытаться закончить свою атаку в кратчайшие сроки. Синие игроки защищают ворота и пытаются выиграть мяч.

После того, как атака закончена, повторите со следующими игроками, которые ждут. Через определенное время поменяйте роли игроков (нападающие становятся защитниками и наоборот).

ВАРИАНТЫ

Начните упражнение с паса от атакующего игрока.

ЧАСТЬ 3: СИТУАЦИИ 2х1, 2х2, 3х1, 3х2, 3х3

Дуэль 1х1 в коллективной ситуации 3х2

12 минут

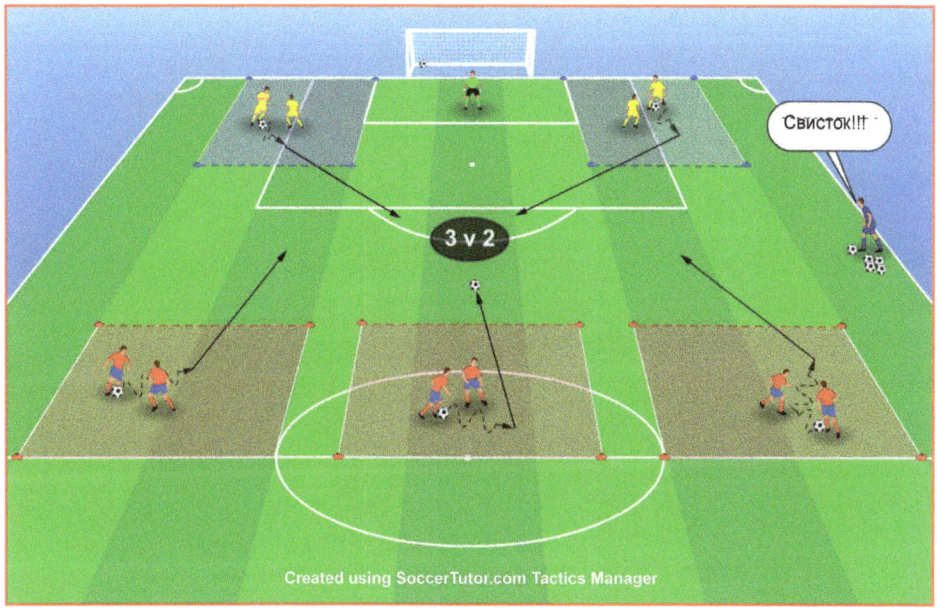

ЗАДАЧА: тренировать соревновательные поединки 1х1 и игровую ситуацию 3х2.

ВЫПОЛНЕНИЕ

Используя половину молодежного поля, мы выделяем 3 красных квадрата и 2 синих квадрата, как показано на рисунке. У нас также есть полноразмерные ворота с вратарем.

В каждом квадрате дуэль 1х1. Пары соревнуются в последовательных дуэлях 1х1 в пределах квадратов, пока тренер не даст свисток.

Затем 3 красных игрока покидают свои квадраты и бегут вперед, чтобы начать атаку и попытаться забить. Центральный игрок подбирает мяч в середине и начинает атаку 3х2.

Два желтых игрока, владевшие мячом, также покидают свои квадраты и готовы защищать ворота в ситуации 3х2.

ВАРИАНТ

В зависимости от количества игроков добавьте дополнительный красный квадрат, для ситуации 4х2, или удалите один синий квадрат для ситуации 3х1.

Непрерывная ситуация 2(+2)х2 в двое ворот

8-10 минут

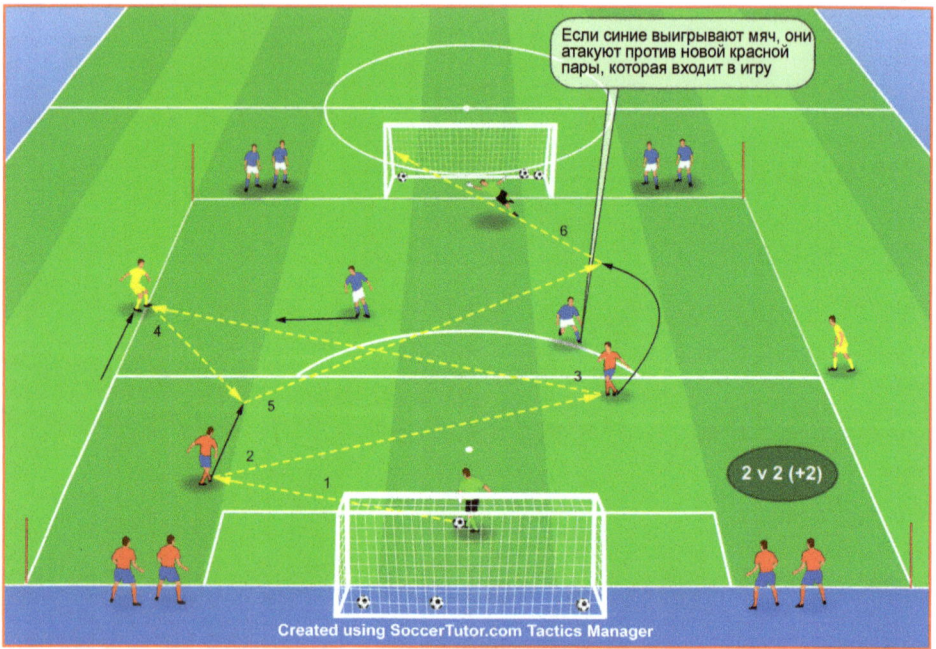

ЗАДАЧА: быстрые атаки в ситуации 2х2 с использованием нейтральных игроков.

ВЫПОЛНЕНИЕ

Используем две молодежные штрафные площади, в которых соревнуются 2 команды, в каждой по 3 пары. У нас также есть 2 желтых нейтральных игрока (по 1 с каждого фланга) + 2 ворот с вратарями.

Упражнение начинается с вратаря. Два атакующих игрока (красные на диаграмме) пытаются быстро забить, убедившись, что используют свое численное преимущество с 2 нейтральными желтыми боковыми игроками.

Если синие выигрывают мяч, они атакуют ворота на противоположной стороне и пытаются забить. Они атакуют против новой красной пары, которая входит в игру - предыдущая пара покидает игровое поле.

Если забит гол, вратарь ловит мяч или мяч выходит из игры, вратарь с этой стороны возобновляет игру со следующими двумя парами, которые входят в игровую зону.

ВАРИАНТ

Уберите желтых нейтральных фланговых игроков и сделайте ее простой и быстрой 2х2.

ЧАСТЬ 3: СИТУАЦИИ 2х1, 2х2, 3х1, 3х2, 3х3

Непрерывная ситуация 3х3 в командной игре

15 минут

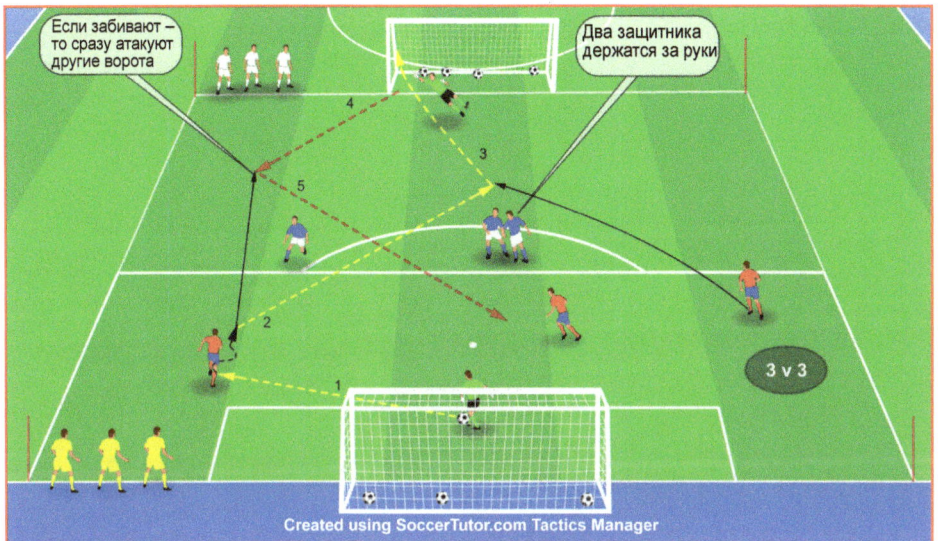

ВЫПОЛНЕНИЕ

Использовать зону размером с две молодежные штрафные площади. Соревнуются 4 команды, в каждой по 3 игрока.

Упражнение начинается с того, что вратарь и 3 атакующих игрока (красные на диаграмме) пытаются забить как можно быстрее. Есть 3 синих игрока, 2 из которых должны держаться за руки во время оборонительных действий.

Если красная атакующая команда забивает, она получает мяч от вратаря у других ворот, чтобы начать новую атаку в противоположную сторону (см. красные стрелки на диаграмме). Синяя команда покидает поле, она заменяется новой командой (это были бы желтые цвета в примере с диаграммы).

Если синяя команда выигрывает мяч, она атакует, а красные покидают поле. Вратарь передает новый мяч синей команде, и новая команда (желтые) должна защищаться.

Если вратарь спасает или мяч выходит из игры, вратарь с этой стороны возобновляет игру - обе команды покидают поле, и следующие две команды заходят.

ВАРИАНТЫ

1. Защитникам не нужно держаться за руки, если все идет хорошо и забито много голов.
2. Игроки могут забивать только слабой ногой.

ЧАСТЬ 4

ПЕРЕДАЧИ

МЕТОДИКА ТРЕНИРОВКИ ПЕРЕДАЧ

- Пас - одна из базовых основ нашей футбольной школы, одно из самых повторяющихся слов для всех наших тренеров: «пас, пас, пас …»

- Мы тренируем пасы, соответствующие передачам, которые игроки будут использовать во время соревновательных игр.

- Помимо того, что мы фокусируемся на технических аспектах различных передач (короткий, средний, длинный), мы также работаем над приёмом мяча на ходу.

- Мы чередуем упражнения, когда одни игроки пасуют и двигаются в фиксированных позициях, а другие - более свободно в парах.

- В зависимости от возраста, с которым мы работаем, мы скорректируем расстояния паса для тренировок.

- Для молодых игроков очень важно, чтобы они обрели уверенность. Таким образом, мы будем выполнять многие упражнения практически без какого-либо сопротивления или с некоторым пассивным сопротивлением как развитие.

Дриблинг+комбинация стенка в квадрате

10 минут

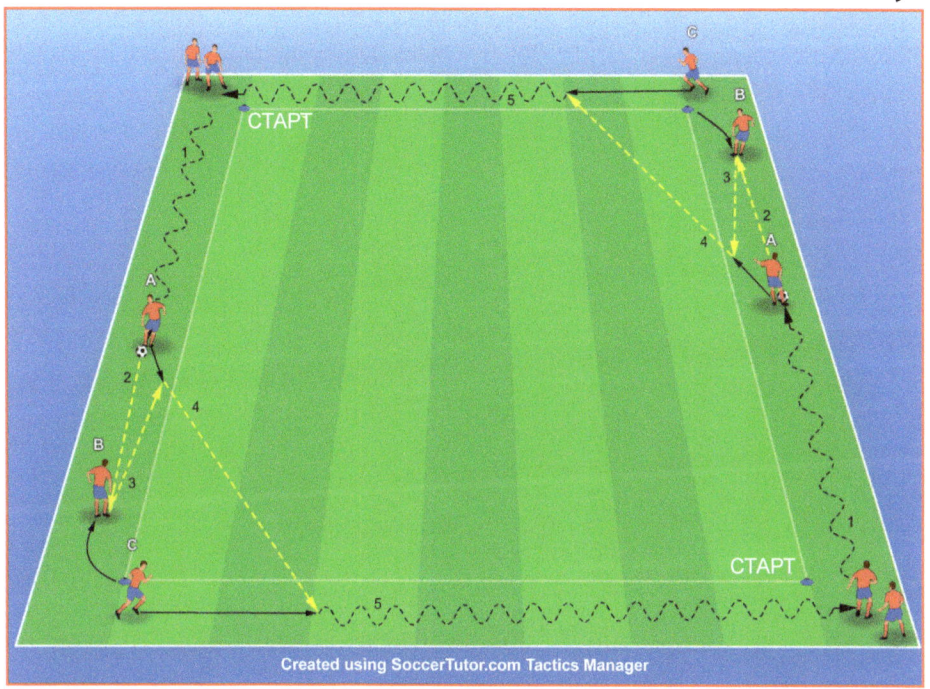

ЗАДАЧА: тренировать короткую передачу (со стенкой) на ходу.

ВЫПОЛНЕНИЕ

Создать квадрат в соответствии с возрастом / уровнем игроков. У нас всего 10-12 игроков - по 4 игрока в противоположных углах (по 2 в каждом - B и C) без мяча, а остальные игроки начинают со стартовых позиций (A).

Упражнение начинается одновременно с 2-х стартовых позиций. Игрок A ведет мяч вперед и играет в стенку с игроком B, который отходит от конуса. Затем игрок A пасует игроку C, который бежит на стартовую позицию и передает мяч следующему ожидающему игроку.

Тренер постоянно меняет направление игры (по часовой стрелке / против часовой стрелки). Упражнение можно выполнять с 2, 3 или 4 мячами, но рекомендуется начинать с двух.

ВАРИАНТ: Вместо того, чтобы вести мяч до следующего игрока в начальной позиции, пасуйте ему.

РАЗВИТИЕ: Чтобы увеличить сложность упражнения, ограничьте игроков одним касанием и / или используйте 3/4 мяча за раз.

Свободные передачи в парах против сдвоенных защитников

8-10 минут

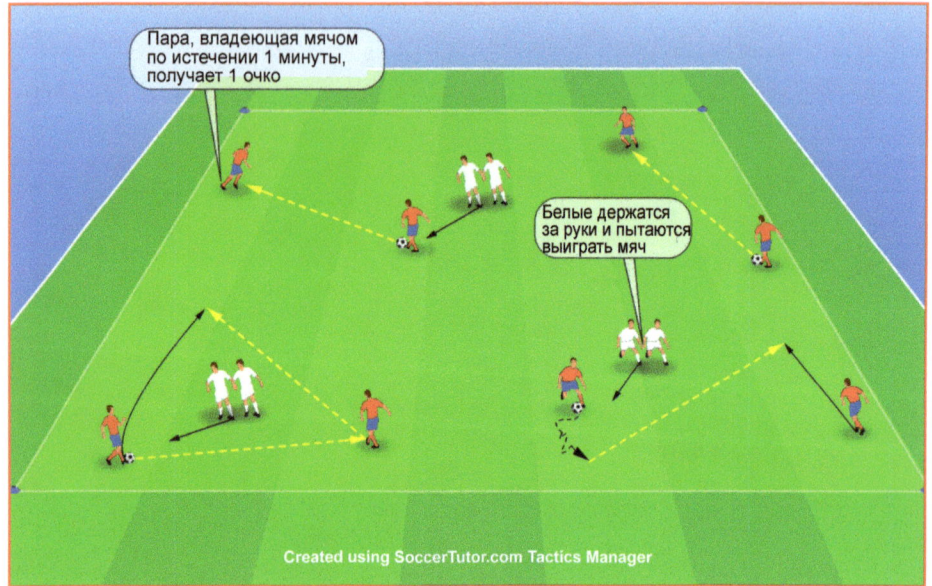

ЗАДАЧА: пасовать и принимать мяч в парах, обыгрывать соперников.

ВЫПОЛНЕНИЕ

Зона 20-30 метров. В этом примере у нас есть 7 пар (всего 14 игроков).

Красные атакующие пары (каждая с мячом) пасуют друг другу и пытаются сохранить владение мячом. Белые защищающиеся пары держатся за руки и пытаются выиграть мяч. Если защищающаяся пара выигрывает мяч, они меняются ролями с той атакующей парой, у которой они выиграли мяч. Мы выполняем упражнение в течение 1 минуты. По истечении минуты пары, владеющие мячом, получают очко. Мы повторяем эту минутную игру, и лучшая пара выигрывает 3 очка.

РАЗВИТИЕ

1. Ограничьте игроков двумя-тремя касаниями.
2. Защищающаяся пара не должна держаться за руки.

Передачи в повторяющейся ситуации 2х1

6-8 минут

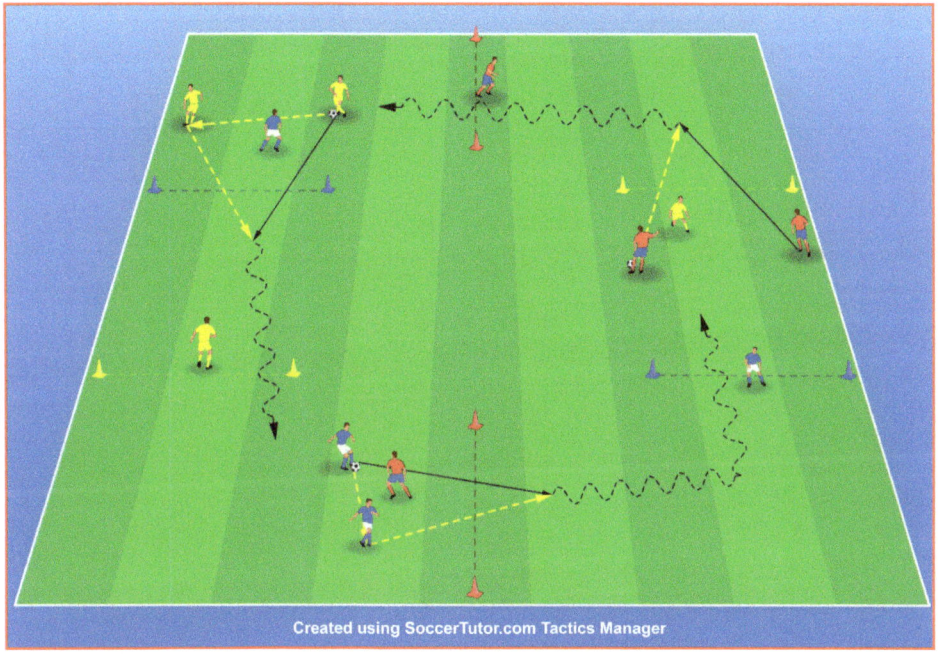

ЗАДАЧА: пасовать и получать мяч в парах, обыгрывать соперников.

ВЫПОЛНЕНИЕ

Выделите участок поля, соответствующий возрасту / уровню игроков. Мы размещаем 6 больших конусных ворот (шириной 5 метров), как показано на рисунке.

У нас есть 3 команды, в каждой по 4 игрока - 2 игрока защищают конусные ворота, а другая пара непрерывно передает мяч по кругу.

Один игрок должен передать мяч через ворота из конусов, чтобы другой принял его - это можно сделать одним пасом или комбинацией «стенка». Каждый раз, когда получается, эта команда набирает 1 очко.

Если защитник выигрывает мяч или выбивает его из игры (1 очко), он и другой защитник того же цвета становятся атакующей парой - пара, которая владела мячом, перемещается, чтобы защищать конусные ворота.

РАЗВИТИЕ

1. По свистку тренера все пары меняют направление.
2. Ограничьте игроков максимум 1 или 2 касаниями.

Передачи в комбинации стенка под различными углами

4 x 3 минуты

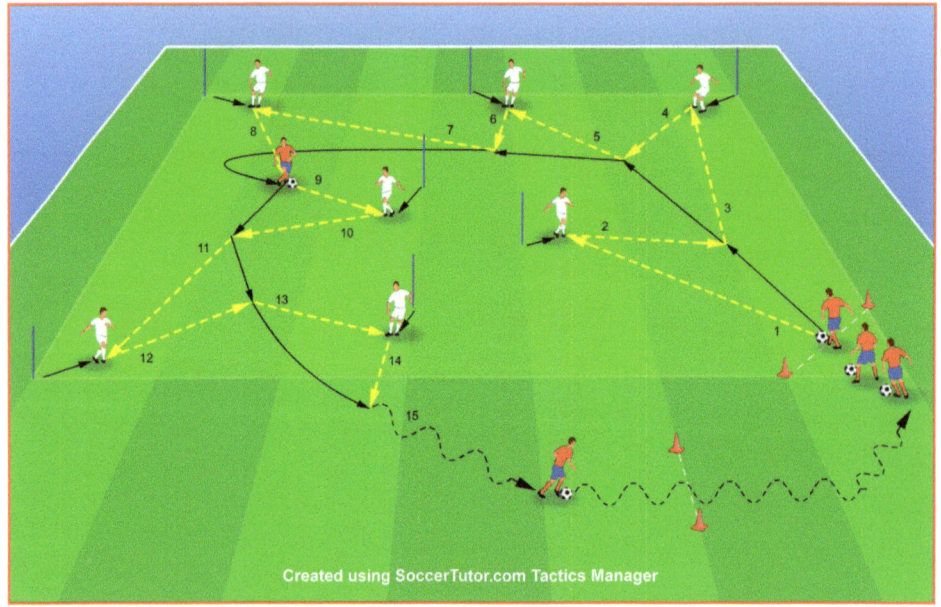

ЗАДАЧА: развивать передачи и прием под разными углами в комбинации «стенка».

ВЫПОЛНЕНИЕ

Выделите участок поля, соответствующий возрасту / уровню игроков.

У нас 7 игроков (белых), расположенных возле стоек, как показано, а у остальных игроков (красных) по одному мячу у каждого.

Красные игроки разыгрывают комбинации «стенка» с каждым из белых игроков в показанной последовательности. Когда они получают последний обратный пас, они проводят мяч через конусные ворота и возвращаются к началу.

В зависимости от возраста / уровня игроков, начните с 2 касаний (контроль + пас), а затем переходите к 1 касанию.

Белые игроки отходят от стойки, чтобы выполнять передачи в движении. Мы повторяем 4 последовательности по 3 минуты. Меняйте роли игроков после каждого повторения.

Шаблон передач «Y» с комбинацией стенка

2 x 5 минут

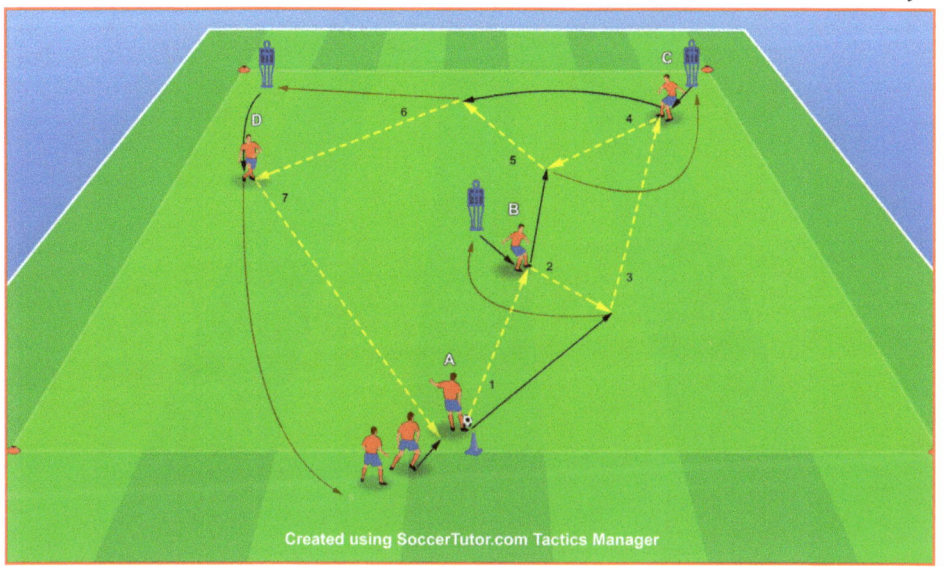

ВЫПОЛНЕНИЕ

В пределах квадрата 20х20 метров создать Y-образную форму с конусами или манекенами, как показано на рисунке. У нас есть минимум 6 игроков для этого упражнения - 3 игрока (B, C и D) начинаются рядом с манекенами, а остальные игроки находятся на стартовой позиции. Выполняется определенная последовательность передач. Первые движения игроков показаны черными линиями, а их перемещения после последнего паса показаны красными линиями.

- Упражнение начинает игрок A, который играет в «стенку» с игроком B, пасует игроку C, а затем переходит на позицию игрока B.
- Игрок B разворачивается, чтобы получить пас от игрока C. Игрок C двигается к следующему конусу, чтобы получить обратный пас от игрока B. Игрок B переходит на позицию игрока C.
- Игрок D смещается со своего конуса, чтобы получить пас от игрока C и выполнить передачу следующему игроку, ожидающему в начальной позиции (игрок C переходит на позицию игрока D, а игрок D перемещается к началу).

РАЗВИТИЕ

1. Игроки должны сначала выполнить ложный рывок в направлении от мяча, а затем бежать навстречу мячу, чтобы получить пас.
2. По сигналу тренера игроки меняют направление (против часовой стрелки / по часовой стрелке).

ЧАСТЬ 4: ПЕРЕДАЧИ

Короткие и длинные передачи в двойном квадрате

8 минут

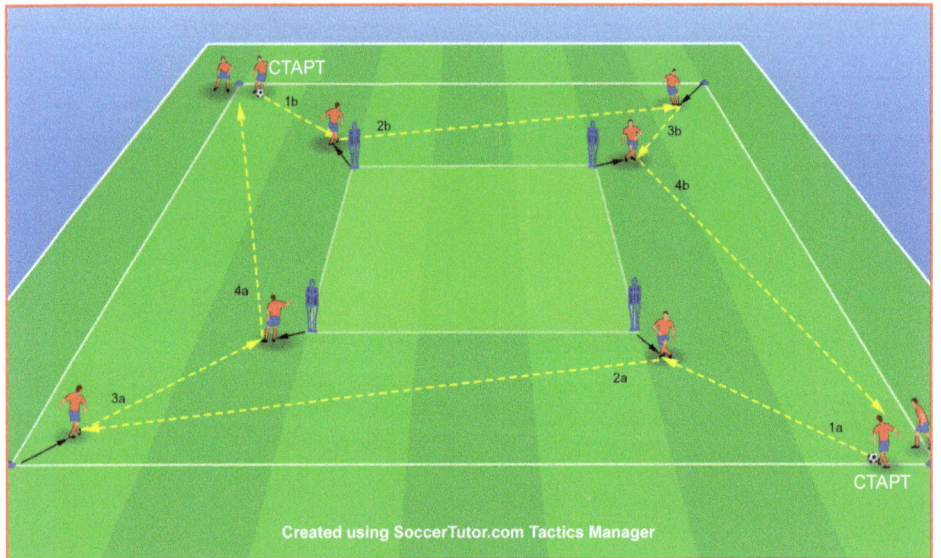

ВЫПОЛНЕНИЕ

В пределах квадрата 20х20 метров создать Y-образную форму с конусами или манекенами, как показано на рисунке. У нас есть минимум 6 игроков для этого упражнения - 3 игрока (B, C и D) начинаются рядом с манекенами, а остальные игроки находятся на стартовой позиции. Выполняется определенная последовательность передач. Первые движения игроков показаны черными линиями, а их перемещения после последнего паса показаны красными линиями.

1. Упражнение начинает игрок A, который играет в «стенку» с игроком B, пасует игроку C, а затем переходит на позицию игрока B.

2. Игрок B разворачивается, чтобы получить пас от игрока C. Игрок C двигается к следующему конусу, чтобы получить обратный пас от игрока B. Игрок B переходит на позицию игрока C.

3. Игрок D смещается со своего конуса, чтобы получить пас от игрока C и выполнить передачу следующему игроку, ожидающему в начальной позиции (игрок C переходит на позицию игрока D, а игрок D перемещается к началу).

4. Последовательность передач непрерывна с новым игроком в позиции A каждый раз.

ВАРИАНТЫ: Длинные пасы должны выполняться низом, а следующий короткий пас должен быть сделан в одно касание. Длинный пас должен выполняться верхом. Следующий игрок использует 2 касания - приём + передача. Можно начать с 1 мяча, а затем перейти к использованию 2 мячей.

ЧАСТЬ 4: ПЕРЕДАЧИ

Быстрые передачи, комбинация стенка и движение в двойном

8-10 минут

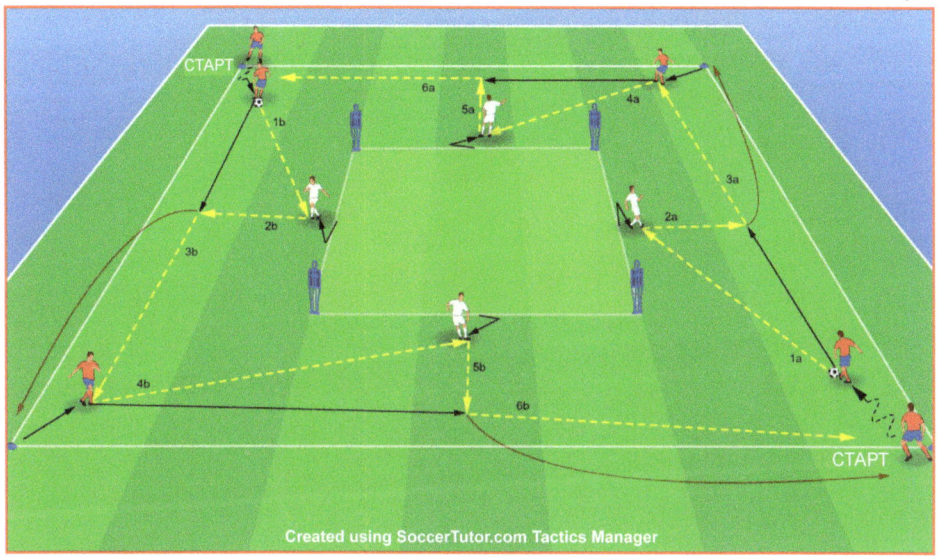

ВЫПОЛНЕНИЕ

Выделить большой квадрат 30x30 метров, с малым квадратом 15x15 метров внутри. В углах внешнего квадрата 6 красных игроков (по два в каждой из двух стартовых позиций). У нас также есть 4 белых игрока (по одному на каждой стороне внутреннего квадрата, как показано). Упражнение начинается красными игроками двумя мячами одновременно из двух стартовых позиций. В этом примере мы играем против часовой стрелки.

1. Первый внешний игрок двигается вперед с мячом и пасует внутреннему игроку.
2. Белый игрок выполняет обратный пас (стенка) на ход красному игроку.
3. Красный игрок получает мяч и пасует следующему внешнему красному игроку, который отходит от конуса.
4. Второй внешний (красный) игрок пасует следующему внутреннему (белому) игроку
5. Белый внутренний игрок пасует (стенка) на ход красному игроку.
6. Красный игрок получает мяч и пасует на стартовую позицию - следующий игрок получает мяч, и упражнение продолжается.

Внешние игроки двигаются против часовой стрелки после второй проход Внутренние игроки остаются на месте, поэтому часто меняйте роли игроков.

РАЗВИТИЕ

1. Начните играть в два касания, а затем переходите к игре в одно касание.
2. По сигналу тренера измените направление движения по часовой стрелке.

 **ЧАСТЬ 4: ПЕРЕДАЧИ**

Передачи, стенка на фланге и поддерживающий бег внутри поля

10 минут

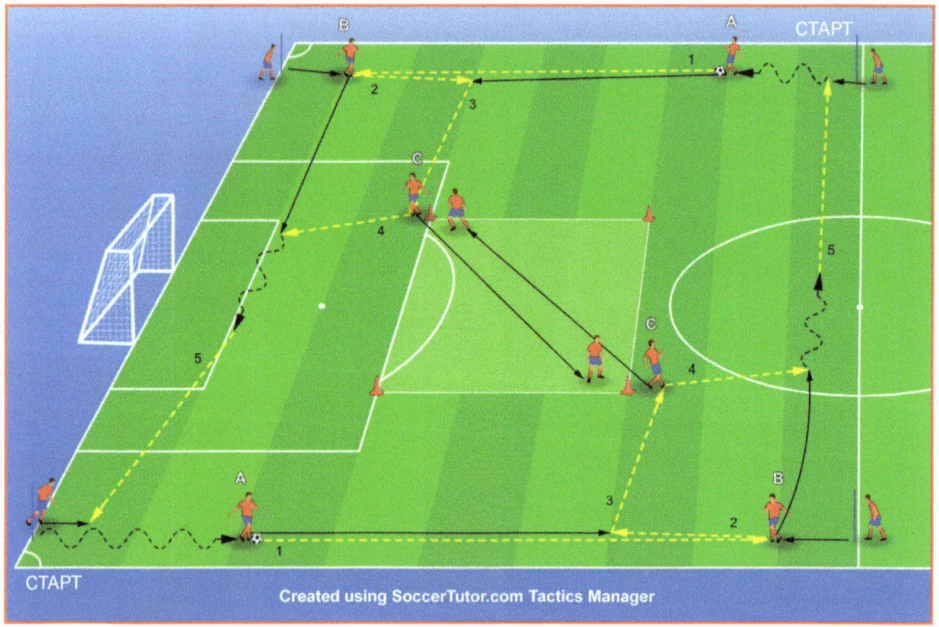

ВЫПОЛНЕНИЕ

Использовать половину молодежного поля. Участвуют 12-14 игроков с двумя мячами. Мы выделяем центральную зону, как показано.

Выполняется последовательность передач двумя мячами, которые используются одновременно из двух стартовых позиций (в противоположных углах).

Упражнение начинает игрок А, он ведет мяч вперед и пасует игроку В. Игрок В отбегает от стойки и скидывает мяч назад (стенка). Затем игрок А пасует внутрь игроку С, который делает передачу на ход игроку В. Игрок А перемещается на позицию В. Чтобы закончить последовательность, игрок В ведет мяч вперед и пасует на следующую стартовую позицию.

Внутренние игроки (С) остаются в центральной зоне, но после своего паса перемещаются по диагонали в другой угол этой зоны.

РАЗВИТИЕ

1. По сигналу тренера измените направление движения (против часовой стрелки / по часовой стрелке).
2. Выполните действие (например, прыжок) перед получением каждого паса.
3. Увеличить количество мячей до четырёх.

Начало атаки с переводом мяча на другой фланг и игра в коридорах 1x1

15 минут

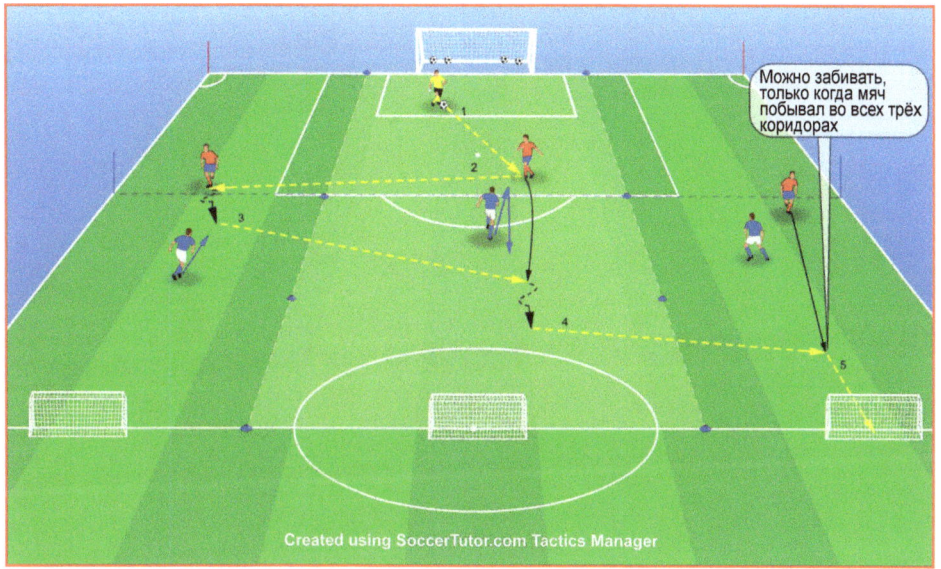

ЗАДАЧА: построение атаки от своих ворот с передачей и переводом мяча на другой фланг.

ВЫПОЛНЕНИЕ

Половину молодежного поля, разделить на 3 равных коридора, как показано на рисунке. В каждом коридоре ситуация 1x1 и малые ворота на средней линии.

У красной команды также есть вратарь, который начинает с мячом в среднем коридоре. Вратарь выполняет передачу красному игроку в своем коридоре.

Красная команда должна провести атаку и забить в одни из малых ворот. Атакующие игроки не могут покидать свой коридор в любой момент игры, и все 3 игрока должны коснуться мяча, прежде чем можно будет забить гол. Это побуждает команду проводить атаку, используя хорошие передачи и переводы мяча с фланга на фланг.

Если синий игрок отбирает/перехватывает мяч, все синие игроки могут свободно перемещаться по полю, чтобы начать контратаку. Красные игроки становятся защитниками, но должны оставаться в своих коридорах.

ВАРИАНТ

Позвольте синим игрокам свободно перемещаться по коридорам, когда они обороняются.

ЧАСТЬ 4: ПЕРЕДАЧИ

Передачи вперёд в игре с 3 зонами

15 минут

ЗАДАЧА: передачи вперед (от начала атаки до её завершения) в рамках малой двусторонней игры.

ВЫПОЛНЕНИЕ

В этой двусторонней игре 8х8 мы делим поле на 3 равные зоны. В первой зоне у нас есть вратарь + 3 красных защитника против 1 синего форварда. В средней зоне у нас 3 красных полузащитника против 3 синих полузащитников. В последней зоне у нас 1 красный форвард против 3 синих защитников + вратарь.

Упражнение начинает вратарь. Задача пройти через все зоны и забить. Каждый раз один игрок может переходить в следующую зону. Он должен бежать вперед, чтобы получить пас, как показано на диаграмме. Это создает ситуацию 4 на 3 в средней зоне и ситуацию 3 на 2 в последней зоне.

Все игроки защищающейся команды всегда остаются в своих зонах.

ВАРИАНТЫ

Игроки должны выполнить определенное количество передач в пределах зоны, прежде чем им будет позволено перейти в следующую зону. Например: 4 в первой зоне, 3 в средней зоне.

ЧАСТЬ 5

РОНДО

ЧАСТЬ 5: РОНДО

МЕТОДИКА ТРЕНИРОВКИ РОНДО

- Скорость, умственная ловкость, техническая ловкость и общая координация - вот некоторые из навыков и физико-технических аспектов, которые развиваются при использовании рондо на наших тренировках.

- Великие эксперты уверяют, что рондо 5х2 является наиболее эффективным. С этой отправной точки вы можете добавить варианты, которыми вы хотите повысить или понизить сложность (1 касание, 2 касания, слабая нога, удержание мяча в воздухе и т. д.).

- В нашей школе мы создаем много разных видов рондо. Понятно, что рондо - это рекомендуемая форма обучения, но мы никогда не оставляем игрокам много временем и пространства, а вместо этого применяем правила и ограничения. В противном случае рондо, которые они выполняют, могут быть веселыми, но рискуют быть монотонными и не иметь особых целей.

- Тренеры всегда должны давать конкретные рекомендации и ряд вариантов в зависимости от общего времени, которое не должно превышать 10 минут за тренировку.

ЧАСТЬ 5: РОНДО

Рондо 5х1 с двумя мячами (1 в руках и 1 в ногах)

8 минут

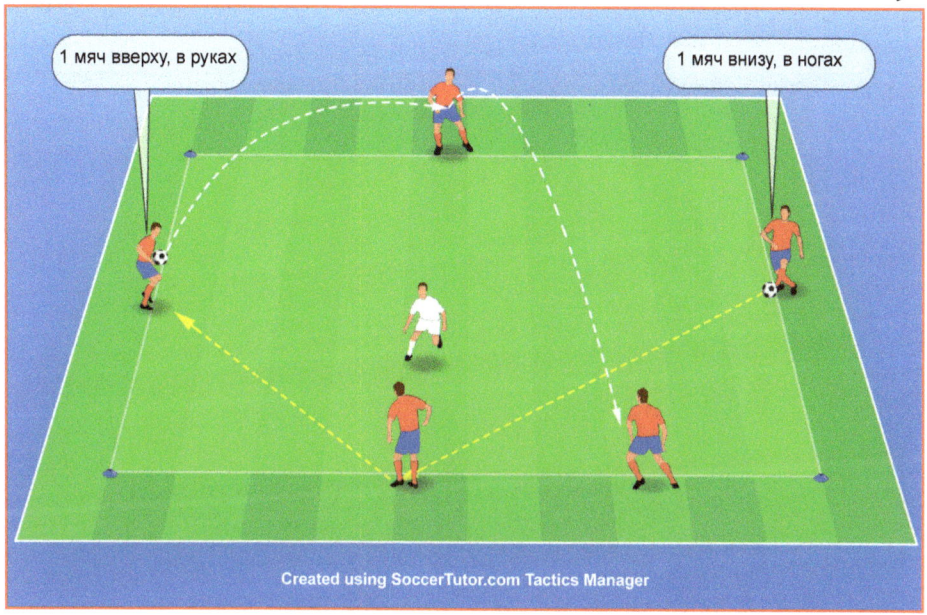

ЗАДАЧА: быстрые передачи под давлением, сохранение владения мячом.

ВЫПОЛНЕНИЕ

В зоне 5х10 метров у нас 4/5 внешних игроков и 1 внутренний игрок (белый). Красные внешние игроки стараются удерживать мяч как можно дольше, убирая 2 мяча подальше от белого защитника.

Два мяча используются одновременно. Первый мяч разыгрывается по земле ногами. Второй мяч передаётся в воздухе руками.

Белый защитник может использовать свои руки, чтобы перехватить второй брошенный мяч, и ноги для перехвата первого мяча.

Если белый защитник перехватывает мяч (ногами или руками), он меняется ролями с тем внешним красным игроком, который потерял мяч.

РАЗВИТИЕ

1. Вы можете начать с 4 игроками и 1 мячом, а затем перейти к 5 игрокам и 2 мячам.
2. По сигналу тренера, мяч, передаваемый по земле ногами, теперь подбрасывается в воздух руками и наоборот - это повышает уровень концентрации.

Рондо 5х2 с движением для смены сторон

8 минут

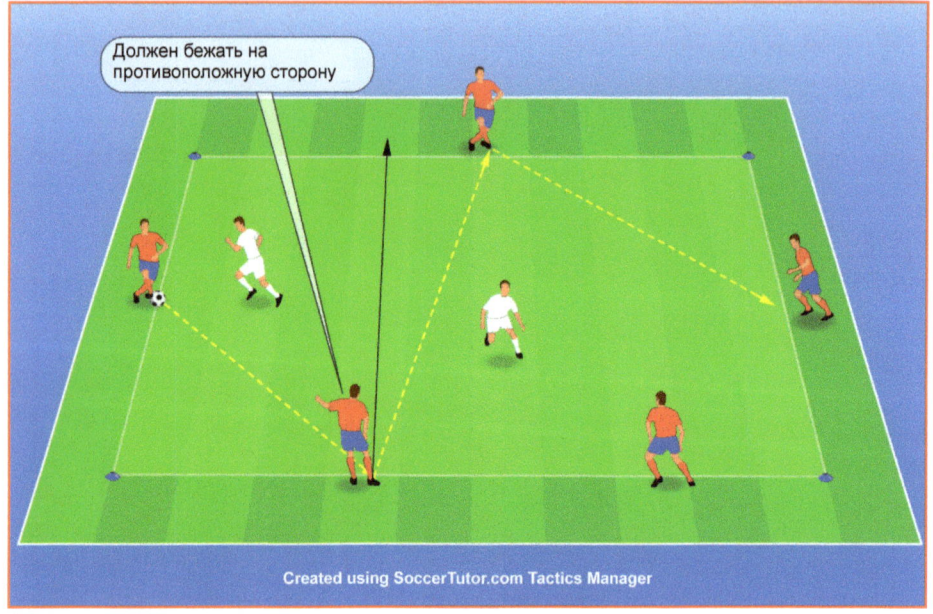

ЗАДАЧА: быстрые передачи под давлением, сохранение владения мячом.

ВЫПОЛНЕНИЕ

В зоне 5х10 метров мы играем в рондо 5х2. Это обычное рондо 5х2 с 5 красными игроками, которые пытаются удержать мяч, а 2 белых защитника пытаются перехватить мяч.

Поскольку красных игроков пять, на одной стороне должны быть двое из них, как показано. Когда один из этих игроков делает пас, он должен переместиться на противоположную сторону.

2 игрокам на одной стороне не разрешается пасовать друг другу. Игроки используют максимум 2 касания (приём+передача).

РАЗВИТИЕ

1. Сыграйте в «полтора касания» - если один игрок использует 2 касания, следующий игрок должен сделать 1 касание.
2. Как только игроки начнут комфортно владеть мячом, переходите к ограничению всех игроков одним касанием.

ЧАСТЬ 5: РОНДО

Рондо 5х2 с внутренним игроком и сменой позиций

8 минут

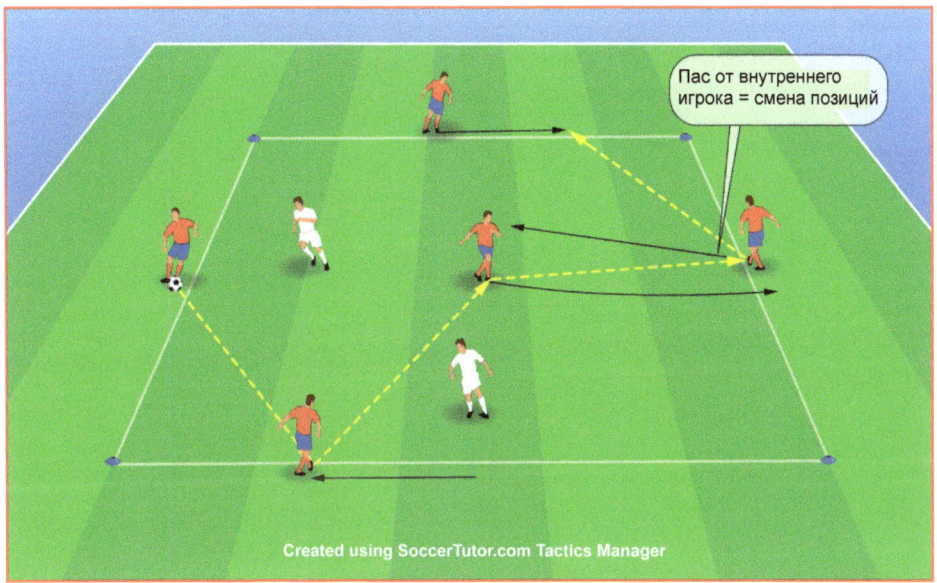

Пас от внутреннего игрока = смена позиций

ЗАДАЧА: передачи, прием мяча в свободном пространстве и игра на удержание мяча.

ВЫПОЛНЕНИЕ

В квадрате 10х10 метров мы снова играем в рондо 5х2. По одному красному игроку с каждой стороны и один красный игрок внутри. Оба белых защитника работают вместе внутри квадрата.

Красные игроки пытаются сохранить владение мячом, уделяя особое внимание поиску красного игрока внутри. Внутренний игрок никогда не должен стоять на месте и всегда должен предоставлять возможность для передачи внешним игрокам.

Когда внутренний игрок получает мяч, а затем пасует одному из внешних игроков, эти 2 игрока меняются позициями / ролями.

Игроки имеют неограниченное количество касаний.

РАЗВИТИЕ

1. Все красные игроки должны следить за каждым пасом, постоянно меняя позиции со всеми своими товарищами по команде.
2. Как только игроки начнут комфортно владеть мячом, переходите к ограничению всех игроков только 2 касаниями.

ЧАСТЬ 5: РОНДО

Рондо 5х2 «Сбей конус в центре»

10 минут

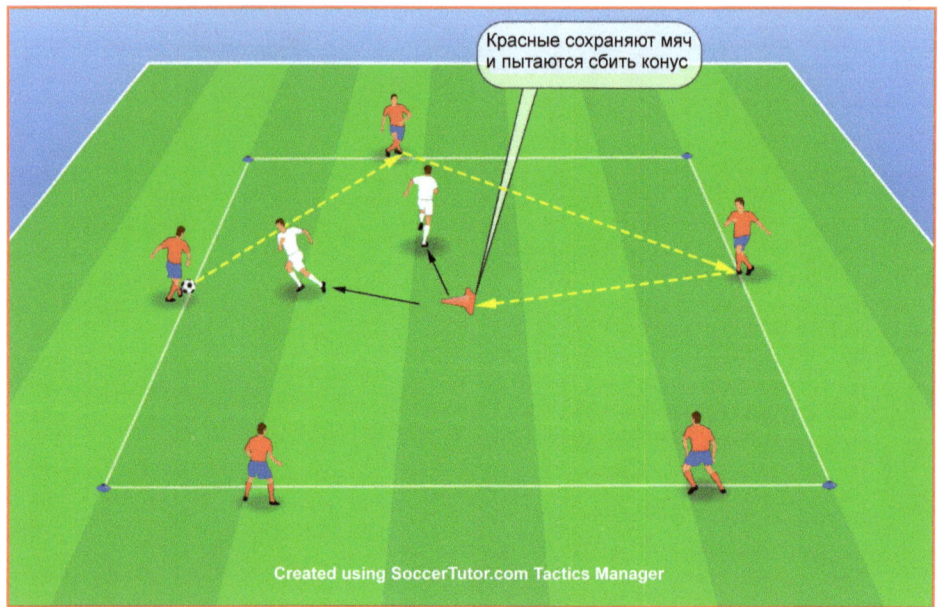

ВЫПОЛНЕНИЕ

В квадрате 10х10 метров мы играем в рондо 5х2 (или 6 на 2). У нас также есть конус в центре, который используется в качестве цели. Есть 5/6 красных игроков снаружи, которые пытаются удержать мяч против 2 белых защитников, которые имеют 2 функции:

a. Перехватить мяч.

б. Помешать красным игрокам попасть мячом по конусу в центре.

Цель красных игроков состоит в том, чтобы сначала сохранить владение мячом - если они завершили заданное тренером количество последовательных пасов, они получают 1 очко. Они также пытаются сбить центральный конус мячом при любой возможности и набрать 2 очка.

Поменять защитников после определенного периода времени или после того, как они выиграли мяч определенное количество раз.

КЛЮЧЕВЫЕ МОМЕНТЫ

Внутренние обороняющиеся игроки должны общаться и работать вместе, чтобы перекрыть линии передач и защитить центральный конус.

РАЗВИТИЕ

1. Добавьте еще один конус, который нужно защищать.
2. Ограничьте игроков максимум 2 касаниями (контроль + пас).

ЧАСТЬ 5: РОНДО

Рондо 4х2 и упражнения на скорость

10 минут

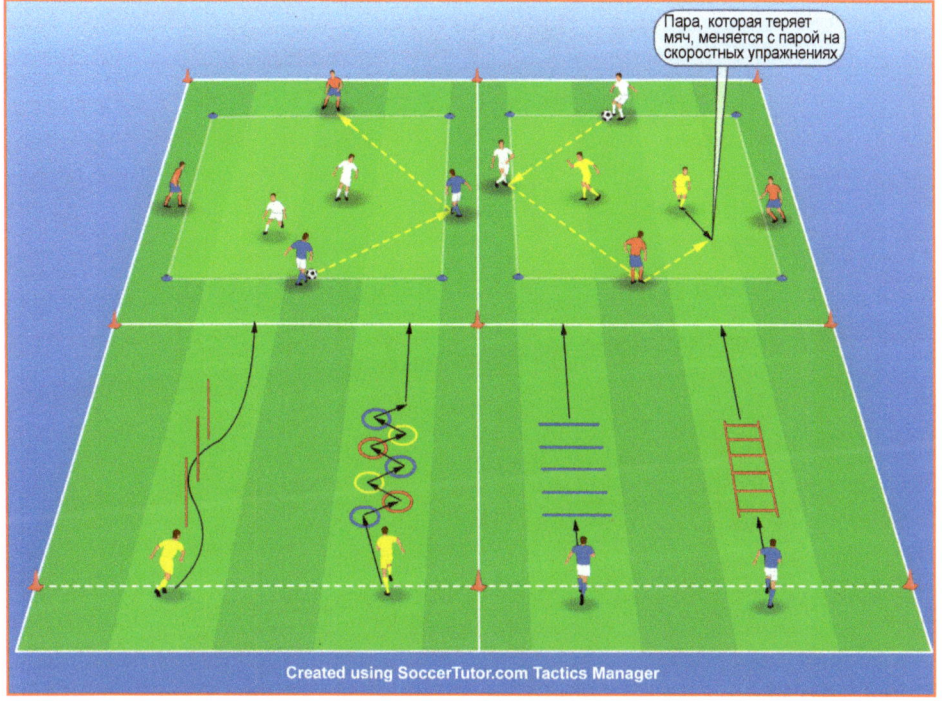

ЗАДАЧА: быстрые передачи под давлением, сохранение владения мячом + скорость, ловкость и координация.

ВЫПОЛНЕНИЕ

Для этого упражнения мы создаем 4 квадрата, как показано на рисунке. У нас есть 4 команды, в каждой по 4 игрока (2 пары). Две пары (желтая и синяя) начинаются в скоростно-координационных квадратах и выполняют различные упражнения, как показано на рисунке.

Остальные игроки играют в одном из двух рондо 4х2 (8х8 метров).

- Когда защищающаяся пара выигрывает мяч (желтая пара на диаграмме), они перемещаются за пределы рондо.
- Пара, потерявшая мяч (красные на диаграмме), перемещается в зону для упражнений на скорость/координацию и меняется ролями с парой, которая находится там (которые становятся защитниками в рондо).

Упражнение непрерывно с парами, меняющимися ролями. Предоставить время на отдых.

Рондо 4х1 со сменой позиций с поддерживающей игрой в 4 зонах

10 минут

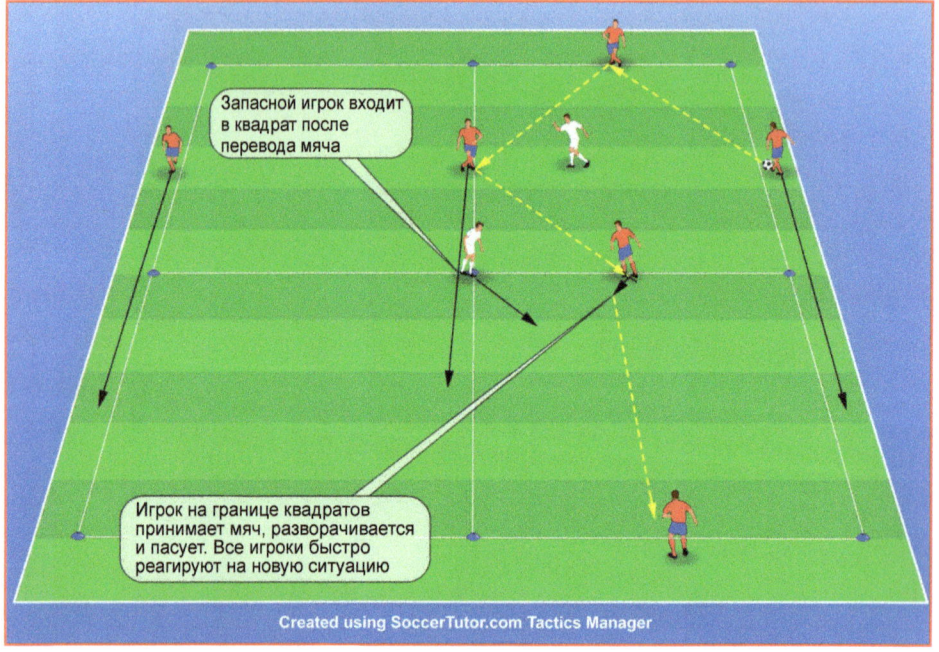

ВЫПОЛНЕНИЕ

Обозначить четыре 8-метровых квадрата, как показано на рисунке. Всего у нас 6 красных атакующих игроков и 2 белых защитника. Мы начинаем в одном из квадратов рондо 4х1. Красные игроки пытаются сохранить владение мячом, а белый игрок пытается перехватить мяч.

Когда один из красных игроков, который на границе с другим квадратом, получает мяч, он может развернуться и отдать пас товарищу по команде, ожидающему в этом квадрате. Все красные игроки (кроме одного) перемещаются, чтобы сыграть рондо 4х1 в этом квадрате. Запасной белый игрок из центра входит в новый квадрат после перевода мяча. Другой белый игрок становится запасным и ждёт.

Это динамичное упражнение, когда всем игрокам приходится быстро реагировать на меняющиеся ситуации. Если защитник касается мяча, он меняется ролями с одним из красных игроков. После того, как мяч пройдёт через 3-5 различных квадратов без касания его защитником, один из защитников автоматически становится атакующим.

ВАРИАНТЫ

1. Разрешается только 2 касания для игроков, которые разворачиваются и пасуют в другой квадрат. У других игроков есть 1 касание.
2. Начните только с 2 зон. Оба защитника посередине держатся за руки.

ЧАСТЬ 5: РОНДО

Переход из атаки в оборону в одновременных рондо 4x1

10 минут

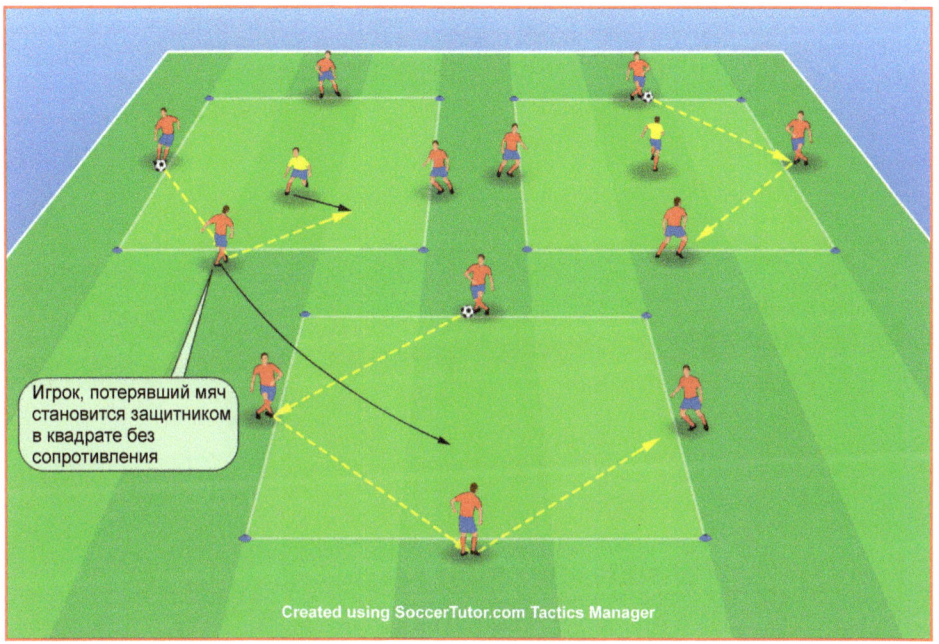

Игрок, потерявший мяч становится защитником в квадрате без сопротивления

ЗАДАЧА: быстрые передачи под давлением, сохранение владения мячом и быстрые реакции.

ВЫПОЛНЕНИЕ

В этом упражнении мы выделяем три 8-метровых квадрата с 1 игроком на каждой стороне, как показано.

В двух квадратах у нас есть активное рондо 4x2, а в третьем нет защитника. В третьем квадрате игроки просто продолжают двигать мяч, передавая его друг другу.

Когда один из защитников (желтый нагрудник) выигрывает мяч в активном рондо, он затем перемещается наружу. Игрок, потерявший мяч, берет желтый нагрудник и бежит к пустому рондо, чтобы стать там защитником. Упражнение продолжается.

ВАРИАНТЫ

Позвольте игрокам бежать в квадрат с активным рондо, у которого уже есть защитник, чтобы создать ситуацию 4x2.

РАЗВИТИЕ

Ограничить игроков максимум двумя касаниями.

ЧАСТЬ 5: РОНДО

Рондо 4х4(+3) от края до края

8 минут

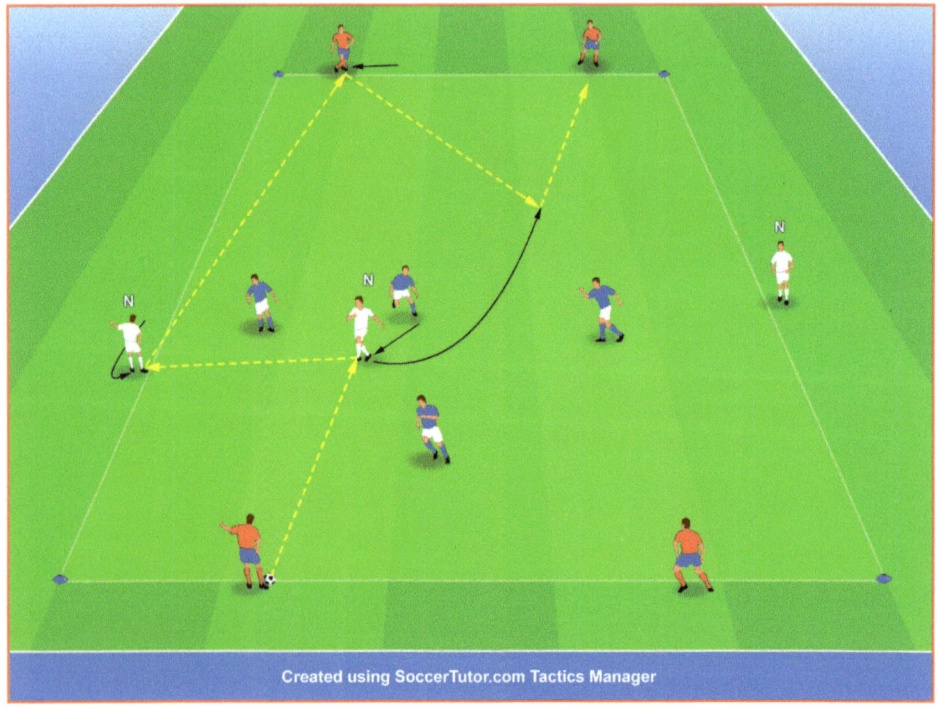

ЗАДАЧА: передачи и игра на удержание мяча с поддержкой.

ВЫПОЛНЕНИЕ

В зоне 20х30 метров у нас есть 2 команды (по 4 игрока в каждой) и 3 нейтральных игрока. Одна команда (красная) начинает с 2 игроками с каждой лицевой стороны. У другой команды (синего цвета) все игроки внутри. У нас есть 2 белых нейтральных игрока на флангах и 1 внутри зоны.

Упражнение начинает один из красных игроков снаружи, и красная команда пытается удержать мяч с помощью нейтральных игроков, как показано. Это работает как рондо 7х4. Акцент должен быть сделан на перемещении мяча с одной стороны на другую и обратно.

Если синяя команда выиграет мяч, они меняются ролями с красной командой и перемещаются наружу. Красная команда двигается внутрь и теперь защищается в той же ситуации 7х4.

ВАРИАНТЫ

Нейтральные игроки могут использовать только слабую ногу.

ЧАСТЬ 6

ИГРЫ НА ВЛАДЕНИЕ МЯЧОМ

ЧАСТЬ 6: ИГРЫ НА ВЛАДЕНИЕ МЯЧОМ

МЕТОДИКА ТРЕНИРОВКИ ИГР НА ВЛАДЕНИЕ МЯЧОМ

- Тренировка владения мячом используется для создания заметного улучшения в коллективной игре команды, как вы можете видеть в упражнениях, которые мы представляем в этой главе.

- Игроки должны научиться выполнять передачи под давлением, получать мяч в свободном пространстве и делать поддерживающие движения для своих товарищей по команде.

- Для молодых игроков мы выполняем тренировки с защитниками, держащимися за руки. Так намного труднее выиграть мяч, поэтому атакующие игроки имеют больший успех при передачах и сохранении владения мячом.

- Мы заботимся о том, чтобы развивающиеся игроки получали достаточно времени, обретая доверие и уверенность, которых до этого момента у многих не было.

- Как только игроки станут лучше технически развиты, мы можем ослабить эти ограничения и позволить им играть более свободно в наших упражнениях на владение мячом с активными защитниками.

- Упражнения, представленные в этой главе, используются нашими игроками U9-12 в Школе тренеров RFEF - вы можете увеличивать / уменьшать уровень сложности с помощью простых вариантов.

ЧАСТЬ 6: ИГРЫ НА ВЛАДЕНИЕ МЯЧОМ

Игра на владение мячом с увеличением числа соперников (от 5х1 до 5х5)

10 минут

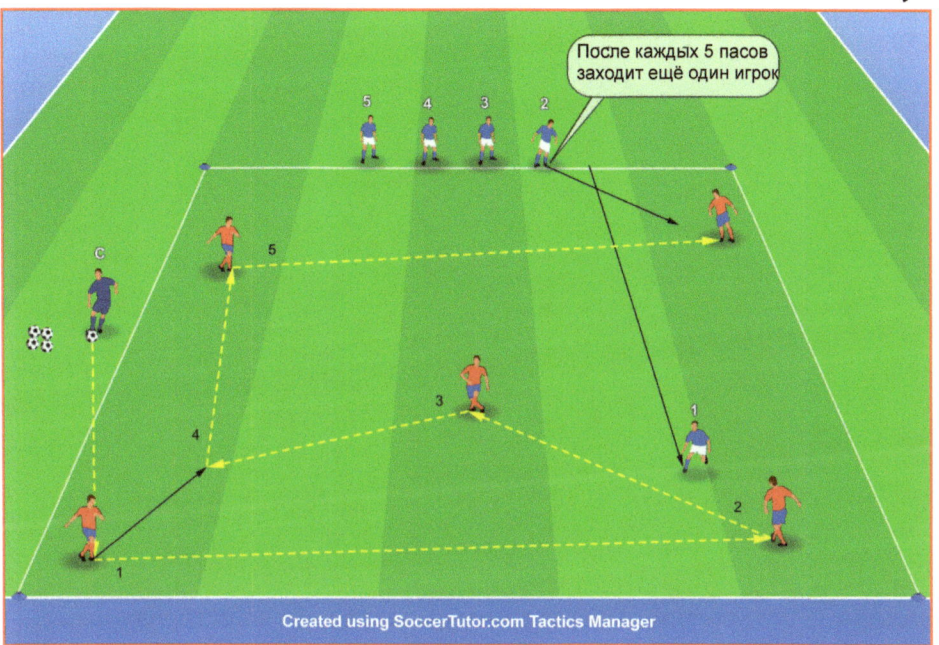

ВЫПОЛНЕНИЕ

Мы выделяем квадрат, подходящий для возраста/уровня игроков. У нас есть 2 команды по 5 игроков. Одна команда (красная) начинает внутри квадрата, а другая команда (синяя) стоит снаружи с одной стороны – её игроки пронумерованы от 1 до 5, как показано на рисунке.

Упражнение начинается, когда тренер пасует красному игроку. Как только это происходит, синий игрок №1 бежит внутрь, чтобы прессинговать. У нас ситуация 5х1, и красные пытаются удержать мяч. Цель синего игрока - выиграть мяч или выбить его из игры.

После того, как красная команда выполнила 5 передач, следующий синий игрок перемещается внутрь, чтобы оказать давление. Каждые 5 пасов мы идём от 5х2-> 5х3-> 5х4-> 5х5.

Если красные выполнят 5 передач в ситуации 5х5, они получают 2 очка. Если синяя команда выигрывает мяч (1 очко), тренер вводит в игру новый мяч, упражнение начинается с самого начала снова с ситуации 5х1. В середине упражнения поменяйте команды ролями.

ВАРИАНТЫ

1. Изменить количество передач, которые должны быть выполнены до входа следующего игрока.
2. Ограничить количество касаний, разрешенных красным игрокам.

Игра на удержание мяча с тремя командами 4(+4)х4

10-15 минут

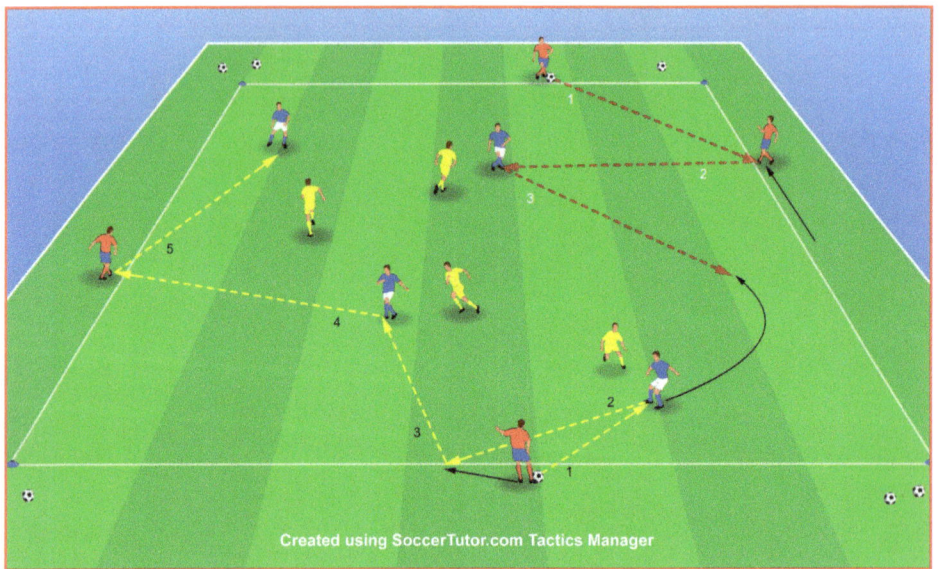

ЗАДАЧА: передачи, приём мяча в свободном пространстве, поддержка в игре на удержание мяча.

ВЫПОЛНЕНИЕ

Использовать зону, подходящую для возраста / уровня игроков. Играют 3 команды по 4 игрока в каждой. У двух команд (синие и желтые) все игроки находятся внутри, а красная команда снаружи (по 1 игроку на каждой стороне).

Мы начинаем снаружи двумя мячами. Одна команда (красные) и другая команда (синие) пытаются сохранить свое владение мячом в ситуации 8х4 против третьей команды (желтые).

Внешние игроки (красные) ограничены одним касанием, поэтому внутренние игроки (синие) должны быстро оказывать поддержку, чтобы получить обратный пас.

Через определенное количество времени поменяйте роли команд. Команда, которая чаще отбирала мяч, побеждает.

ВАРИАНТЫ

Чтобы упростить сохранение мяча, обороняющаяся команда состоит из 2 пар игроков, которые держатся за руки.

Поддержка в игре на удержание мяча 8х6

10-12 минут

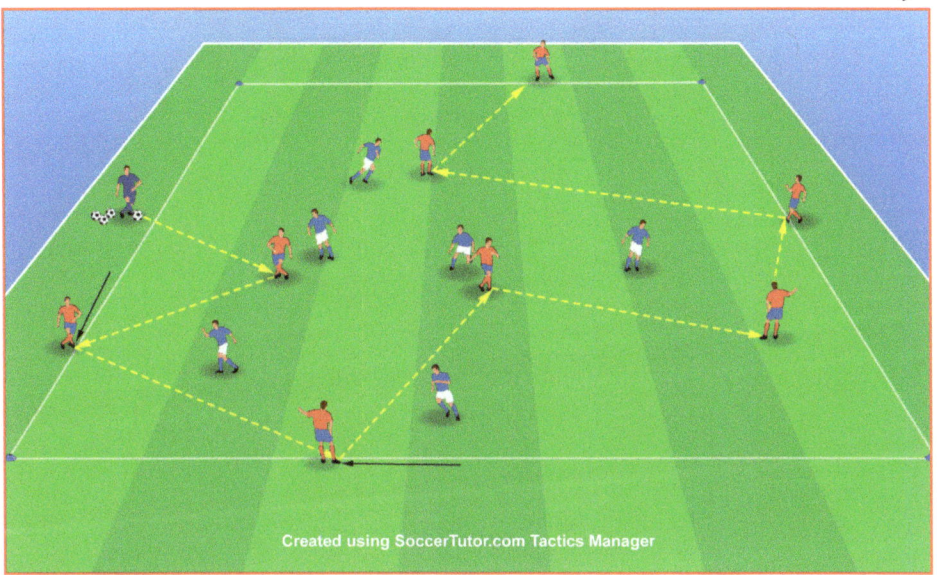

ЗАДАЧА: передачи, приём мяча в свободном пространстве, поддержка в игре на удержание мяча.

ВЫПОЛНЕНИЕ

Использовать зону, подходящую для возраста / уровня игроков. Играют 3 команды по 4 игрока в каждой. У двух команд (синие и желтые) все игроки находятся внутри, а красная команда снаружи (по 1 игроку на каждой стороне).

Мы начинаем снаружи двумя мячами. Одна команда (красные) и другая команда (синие) пытаются сохранить свое владение мячом в ситуации 8х4 против третьей команды (желтые).

Внешние игроки (красные) ограничены одним касанием, поэтому внутренние игроки (синие) должны быстро оказывать поддержку, чтобы получить обратный пас.

Через определенное количество времени поменяйте роли команд. Команда, которая чаще отбирала мяч, побеждает.

ВАРИАНТЫ

Чтобы упростить сохранение мяча, обороняющаяся команда состоит из 2 пар игроков, которые держатся за руки.

Игра на удержание мяча со сменой внутренних и внешних игроков

6-8 минут

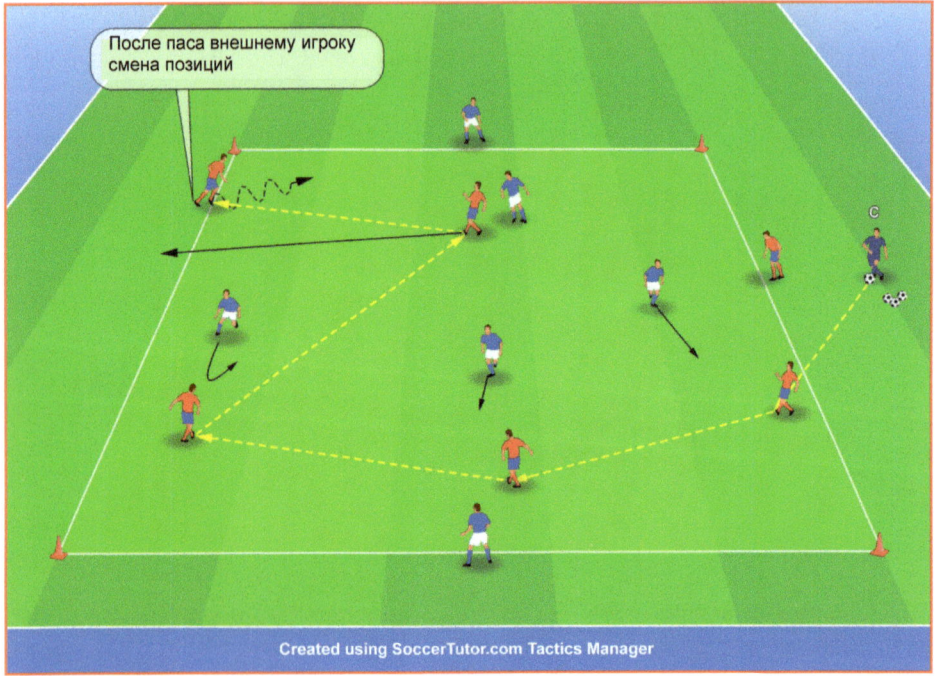

ВЫПОЛНЕНИЕ

Использовать зону, подходящую для возраста / уровня игроков. Играют 2 команды по 6 игроков. У каждой команды есть 4 игрока внутри зоны и 2 игрока снаружи, на противоположных сторонах, как показано.

Упражнение начинается с паса тренера внутрь игровой зоны. Команда, владеющая мячом, использует внешних игроков, поэтому мы имеем ситуацию 6х4.

Цель состоит в том, чтобы сохранить владение мячом и передать его внешним игрокам. Каждый раз, когда это происходит, игрок, который делает пас, и внешний игрок меняются местами (1 балл).

Внешний игрок может либо получать мяч и вести его внутрь, либо пасовать внутрь, чтобы продолжить упражнение. Если защищающаяся команда (синие) выигрывает мяч, у них те же цели.

ВАРИАНТЫ

1. Позвольте двум внешним игрокам перемещаться вокруг всей зоны, когда их команда с мячом – им не нужно просто оставаться на одной стороне.

2. Чтобы упростить сохранение мяча, вы можете расположить обороняющихся игроков в зоне парами, которые держатся за руки.

ЧАСТЬ 6: ИГРЫ НА ВЛАДЕНИЕ МЯЧОМ

Три команды в игре на удержание мяча с углами для приёма

3 x 4 минут

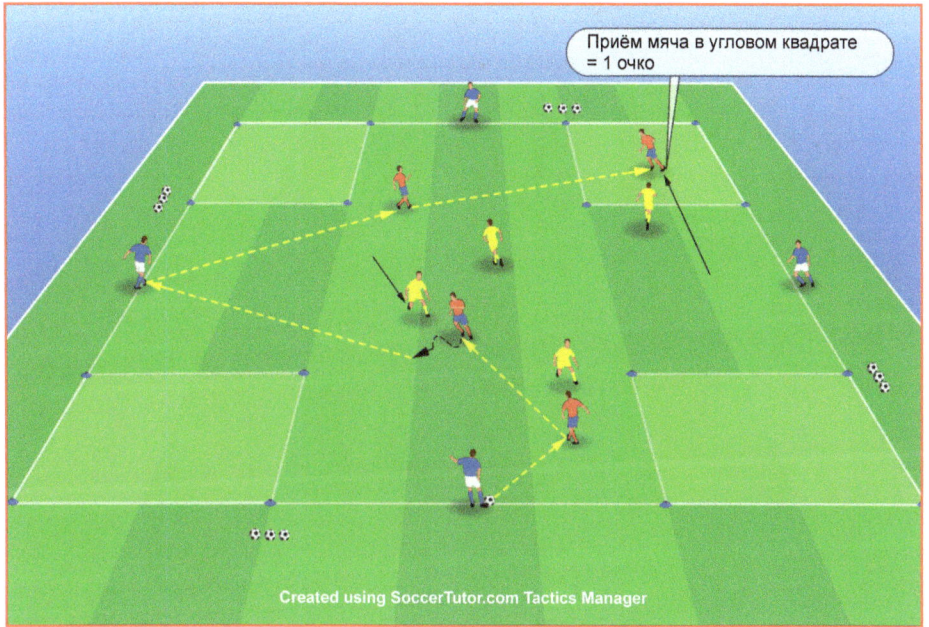

Приём мяча в угловом квадрате = 1 очко

ВЫПОЛНЕНИЕ

Используя участок поля, подходящий для возраста / уровня игроков, мы выделяем 4 угловые зоны, как показано на рисунке. У нас есть 3 команды, в каждой по 4 игрока. Игроки синей команды располагаются снаружи, по одному с каждой стороны, а игроки двух других команд находятся внутри игрового поля.

Синий внешний игрок начинает упражнение пасом внутреннему игроку - эта команда (красные на диаграмме) атакует в ситуации 8х4 (с помощью синих) и пытается сначала сохранить владение мячом, а затем получить мяч в одной из угловых зон чтобы набрать 1 балл.

Если защищающаяся команда (желтые) выигрывает мяч, она становится атакующей командой с ситуацией 8х4 и идентичными целями. Поменяйте команды ролями, чтобы синие переместились внутрь через определенное время.

ВАРИАНТЫ

1. Игроки не могут находиться внутри угловых зон до тех пор, пока не будет сделан пас - затем они должны рассчитать время своего движения, чтобы получить мяч в пределах угловой зоны.

2. Команды могут получать мяч только в пределах 2 угловых зон (по диагонали напротив), это означает, что они защищают две другие угловые зоны.

Удержание мяча в двух зонах в игре с переходами

10 минут

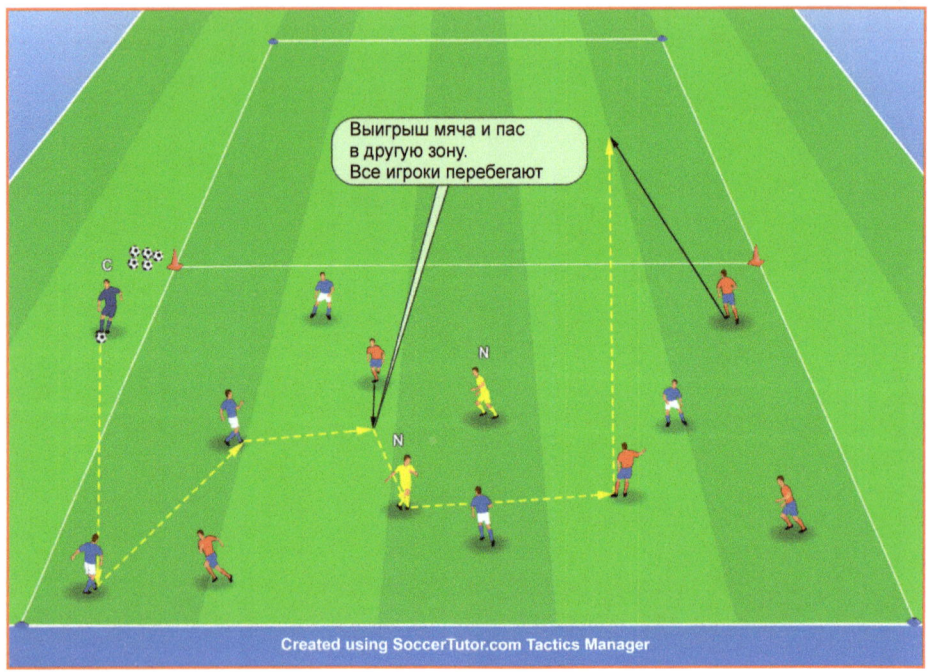

ВЫПОЛНЕНИЕ

Использовать участок поля, подходящий для возраста / уровня игроков. Разделить его на 2 равные зоны. Все игроки начинают в одной зоне - у нас есть 2 команды по 5 игроков и 2 дополнительных желтых нейтральных игрока, которые играют за команду с мячом.

Упражнение начинается с передачи тренера внутри одной команды (синие на диаграмме). Они стремятся сохранить владение мячом в ситуации 7х5 (с помощью желтых нейтральных игроков).

Защищающаяся команда (красные на диаграмме) пытается выиграть мяч - когда они делают это, их цель - перейти в другую зону (быстрый переход). Все игроки переходят, и красные теперь атакуют в ситуации 7х5, пытаясь удержать мяч. Синие пытаются выиграть мяч, а затем выполнить тот же переход в противоположном направлении.

Если команда выигрывает мяч, а затем снова теряет его перед переходом, упражнение продолжается с ситуацией 7х5 в этой зоне.

ВАРИАНТЫ

1. У вас может быть 1 или 2 игрока из обороняющейся команды, ожидающих паса в другой зоне, и ситуация 7х4 или 7х3 в первой зоне.
2. В зависимости от уровня игроков, вы можете начать играть руками.

ЧАСТЬ 6: ИГРЫ НА ВЛАДЕНИЕ МЯЧОМ

Сохранять и переводить мяч в двусторонней игре на удержание

8 минут

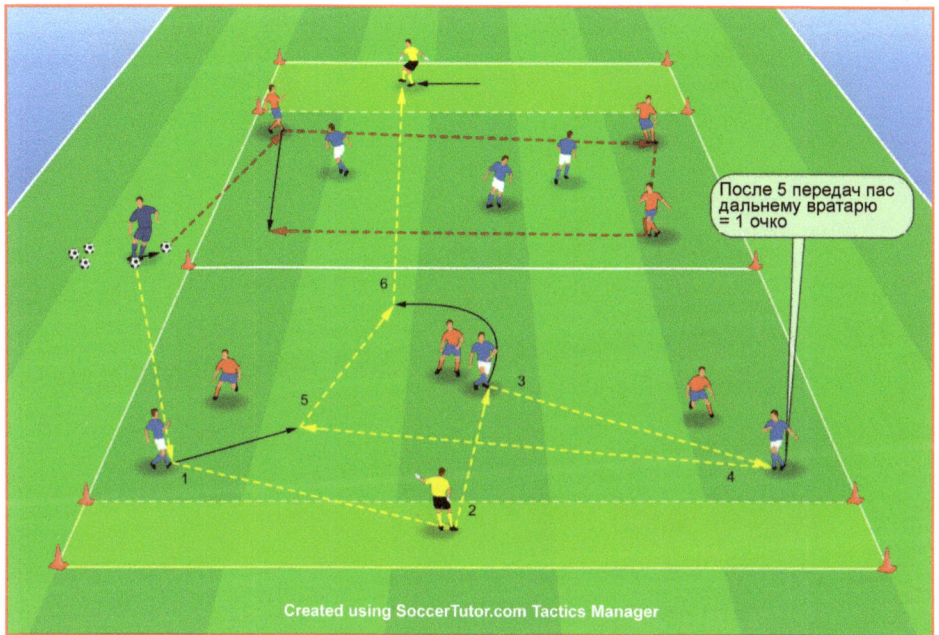

После 5 передач пас дальнему вратарю = 1 очко

ЗАДАЧА: тренировать владение мячом и переходы в динамичной игре.

ВЫПОЛНЕНИЕ

На участке поля 20x30 метров у нас есть две ситуации 3х3, которые разыгрываются одновременно. У нас также есть 2 дополнительные 5 метровые зоны с двух сторон с вратарями, которые действуют как нейтральные игроки, чтобы помочь командам сохранить владение мячом.

Тренер начинает упражнение, передавая 2 мяча, по одному в каждую зону. Цель команды владеющей мячом состоит в том, чтобы завершить 5 последовательных передач и затем отдать мяч вратарю на противоположной стороне - если он успешно получит пас в своей зоне, команда наберет 1 очко.

Если защищающаяся команда выигрывает мяч, она становится атакующей с теми же целями. Все игроки ограничены максимум 2 касаниями.

ВАРИАНТЫ

1. Тренер выкрикивает цвет, и игроки этой команды должны сразу же сменить зону, перейти к защите и попытаться выиграть мяч.
2. Каждый раз, когда игрок набирает очко, передавая мяч противоположному вратарю, он затем перемещается в зону на этой стороне. Тогда в упражнении постоянно происходит изменение численного преимущества в каждой зоне.

Удержание и переводы мяча в зонной игре с тремя командами

10 минут

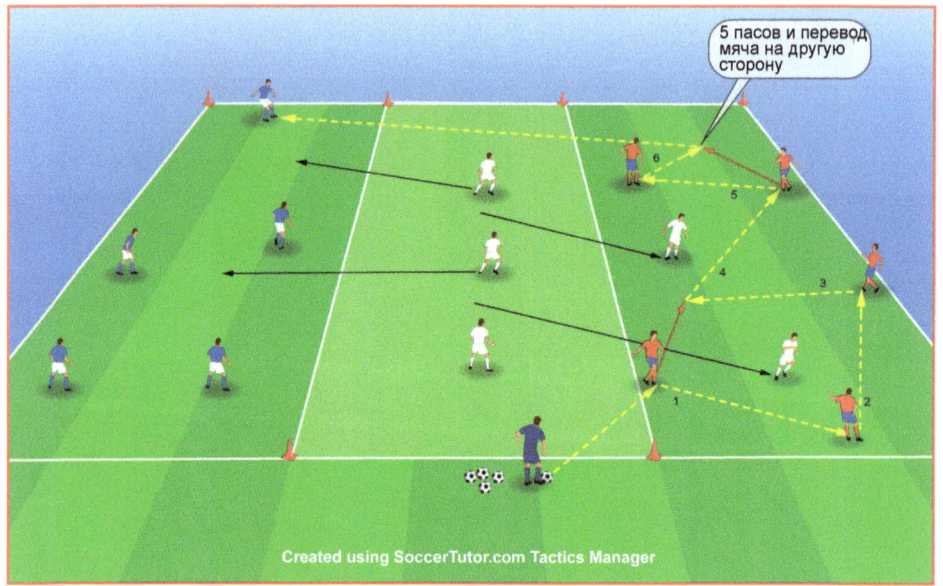

ВЫПОЛНЕНИЕ

Используя игровое поле, подходящее для возраста/уровня игроков, мы делим его на 3 равные зоны, как показано на рисунке. Есть 3 команды по 5 игроков - мы начинаем с синей и красной командой в крайних зонах, а белая команда в средней зоне.

Тренер начинает упражнение пасом команде в крайней зоне (красные на диаграмме) - 2 белых игрока сразу входят в неё, чтобы создать ситуацию 5х2.

Цель красной команды - завершить 5 передач и затем перевести мяч синей команде в другую крайнюю зону - они должны быть осторожны, чтобы этот пас не был перехвачен ни одним из 3 белых игроков в средней зоне. В этот момент 2 белых игрока из средней зоны перемещаются, чтобы создать ту же ситуацию 5х2, и упражнение продолжается.

Если белая команда выиграет мяч, они пасуют в другую крайнюю зону и меняются ролями с командой, потерявшей мяч.

ВАРИАНТЫ

1. В зависимости от уровня сложности, вы можете позволить 3 игрокам в средней хоне перехватывать пас из одной крайней зоны в другую, или нет.
2. Позвольте 3 игрокам выйти из средней зоны, чтобы создать ситуацию 5х3 в крайней зоне.

Игра на удержание мяча, быстрая реакция и спринты

8-10 минут

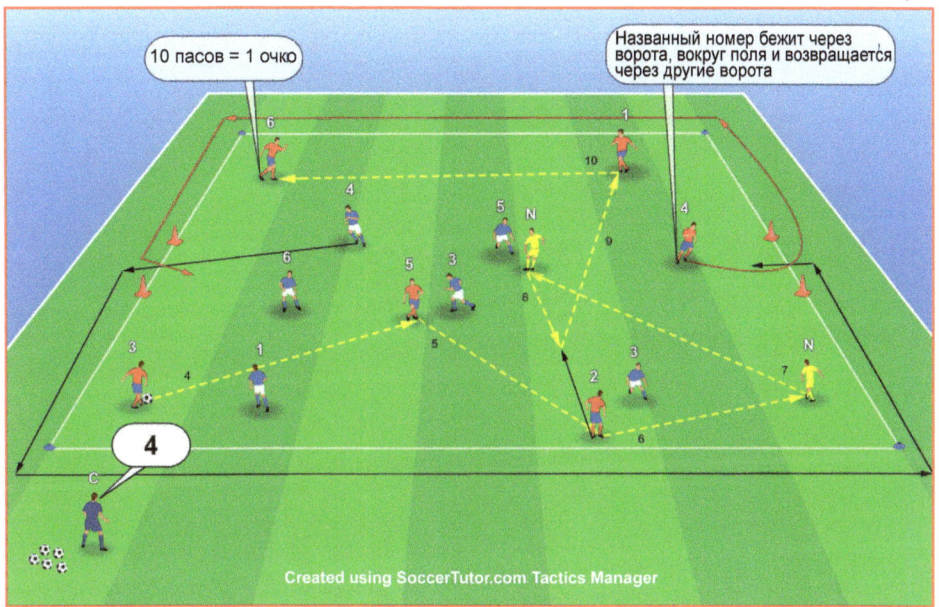

ВЫПОЛНЕНИЕ

Использовать зону, подходящую для возраста / уровня игроков. Играют 2 команды по 6 игроков в каждой - они пронумерованы от 1 до 6, как показано на диаграмме. У нас также есть 2 нейтральных игрока, которые играют за команду владеющую мячом, чтобы создать ситуацию 8x6.

Упражнение начинается с паса тренера внутрь поля. Цель состоит в том, чтобы сохранить владение мячом и выполнить определенное количество последовательных передач, например 8-10 пасов = 1 балл.

Каждые 30 секунд тренер вызывает номер - игроки, которых называют (№ 4 на схеме), должны пробежать через одни из конусных ворот, пробежать вокруг поля и вернуться обратно через другие конусные ворота. Это соревнование, поэтому первый игрок, вернувшийся внутрь поля, набирает 1 очко. Остальные игроки продолжают играть, пытаясь выполнить 8-10 пасов подряд.

Все игроки ограничены 2 касаниями.

ВАРИАНТЫ

1. Сыграйте в «полтора касания» - если игрок использует 2 касания, следующий игрок должен сделать 1 касание.
2. Как только игроки начнут комфортно владеть мячом, переходите к равной игре 7x7.

ЧАСТЬ 7

ИГРА ГОЛОВОЙ

ЧАСТЬ 7: ИГРА ГОЛОВОЙ

МЕТОДИКА ТРЕНИРОВКИ ИГРЫ ГОЛОВОЙ

- Во многих случаях тренеры не используют много времени для тренировки игры головой. Они могут немного заняться тренировкой игры головой или включить некоторые элементы игры головой в упражнения, сосредоточив внимание на других технических аспектах.

- В Школе тренеров RFEF мы уделяем время обучению игре головой с использованием специально разработанных упражнений.

- Игроки учатся управлять мячом с помощью своей головы, пасовать с помощью своей головы и забивать с помощью своей головы.

- Тем не менее, большинство упражнений включают в себя другие элементы, чтобы сделать игру более реалистичной: движение, пас, удары и т.д.

Игра головой + конкуренция в непрерывной круговой разминке

10 минут

ВЫПОЛНЕНИЕ

Используя большую площадь, создать 8 различных станций, отмеченных красными конусами и зону центрального круга, как показано. В этом примере у нас 16 игроков - если у вас меньше игроков, просто сделайте меньше станций.

- У каждого красного конуса синий игрок с мячом в руках. У красных игроков нет мячей, и они перемещаются по станциям против часовой стрелки.

- На каждой станции синий игрок бросает мяч вверх, а красный игрок возвращает его назад головой.

- После каждой станции красные игроки бегут в центральный круг, чтобы соревноваться с одним товарищем по команде - они подпрыгивают в воздухе, вступая в контакт, как будто борются за верховой мяч. Затем они переходят на следующую станцию и продолжают упражнение.

- Красные игроки выполняют 2-3 серии (с первой по восьмую станции), а затем меняются ролями с синими игроками.

ВАРИАНТЫ

1. Красные игроки могут принимать мяч головой и затем возвращать его ударом с лёта.

2. Когда красные игроки отбивают мяч назад, синий игрок должен контролировать мяч грудью, бедром или ногами.

Забивать только головой в разминочной игре 7х7

15 минут

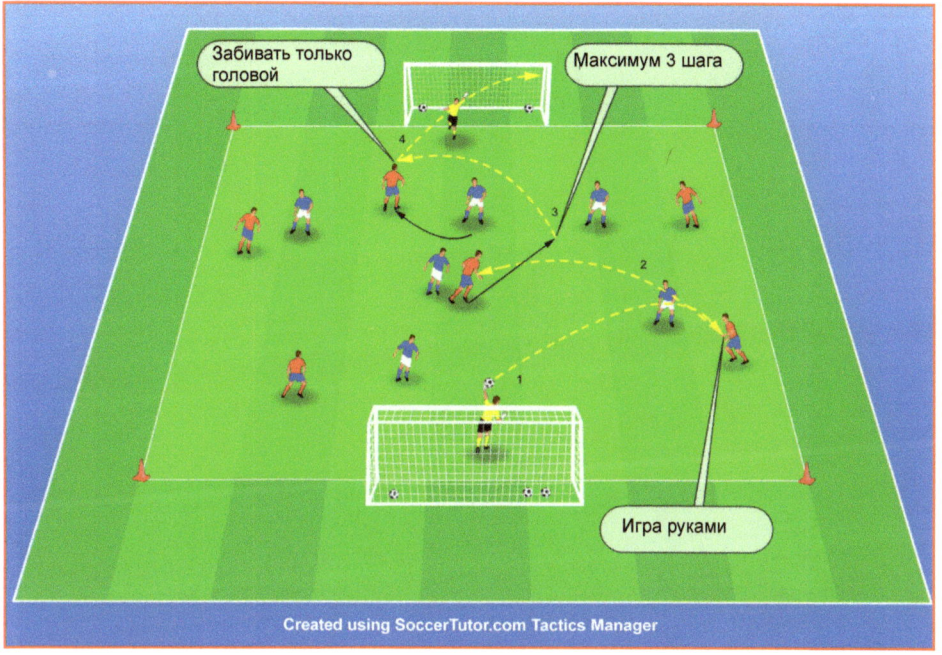

ВЫПОЛНЕНИЕ

В зоне 20 x 20 метров игра 7х7. Упражнение начинает один из вратарей, и игроки бросают мяч друг другу, играя только руками и головами. Единственный способ забить - головой. С мячом в руках игроки могут сделать не более 3 шагов. Защитникам не разрешается руками перехватывать удары головой - только своим телом или головой, если мяч до этого не коснулся земли.

ВАРИАНТЫ

1. Если команда забивает после двух последовательных ударов головой, гол считается за 2.
2. Игроки пасуют ногами. Принимают мяч руками, завершают головой.
3. Играть двумя мячами одновременно.

Передачи головой назад в эстафете

6-8 минут

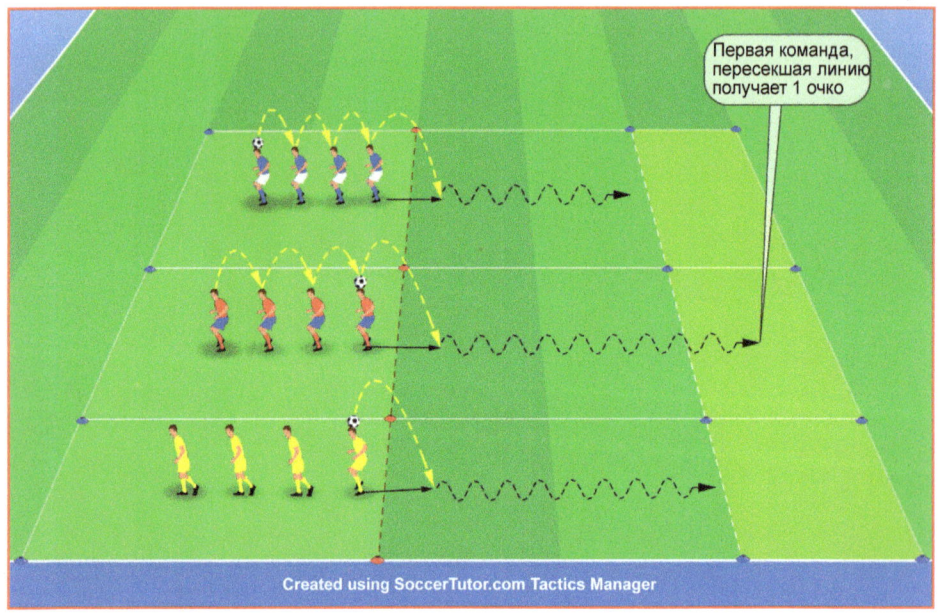

ЗАДАЧА: контроль в одно касание головой и скоростной дриблинг.

ВЫПОЛНЕНИЕ

Это очень простое упражнение - у нас есть 3 команды по 4 игрока в своем коридоре каждая. Игроки стоят близко друг к другу, лицом в затылок, как показано на схеме.

В этой гонке соревнуются 3 команды. Первый игрок направляет мяч вверх и обратно второму игроку. Игроки могут использовать только свои головы и должны передавать мяч назад вдоль линии.

Четвертый игрок отбивает мяч назад, разворачивается, а затем ведет мяч в зону завершения, как показано на рисунке. Команда, которая первой приведет мяч в зону завершения, получает 1 очко.

Вы можете разрешить игрокам неограниченное количество касаний головой, если необходимо, и развивать до одного касания на игрока.

ВАРИАНТЫ

Разместите игроков в зигзагообразном построении - они должны направить мяч назад под углом через 4 игроков.

Последовательность передач головой в командной игре

8 минут

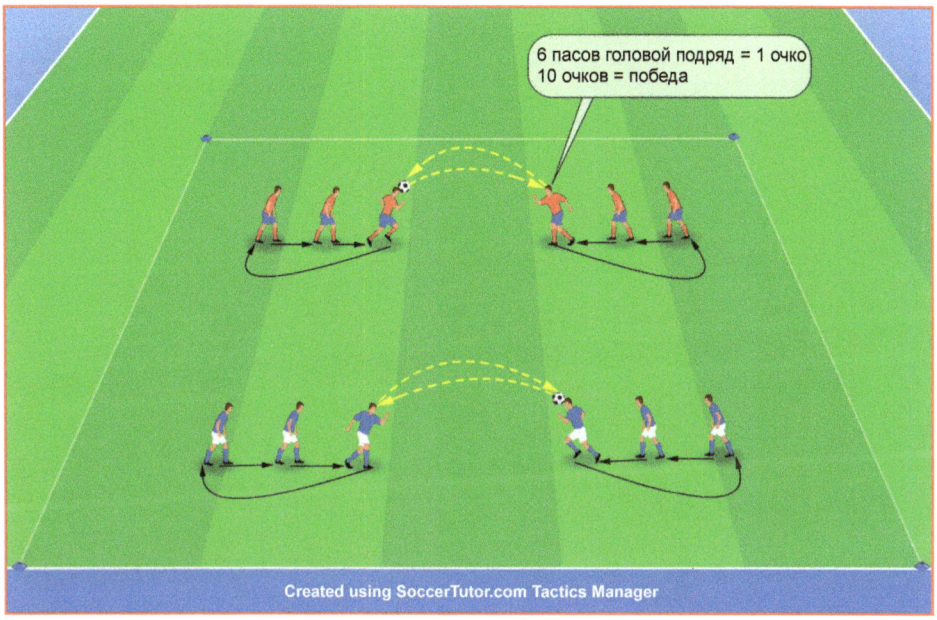

ЗАДАЧА: точный пас головой.

ВЫПОЛНЕНИЕ

Разделить игроков на 2 команды. Каждая команда делится пополам так, чтобы игроки смотрели друг на друга, как показано на схеме (во встречных колоннах).

Упражнение начинается с того, что первый игрок подбрасывает мяч и направляет его своему товарищу по команде напротив, который отбивает головой мяч назад.

Бросив мяч, игрок перемещается в хвост своей колонны, а следующий игрок двигается вперед, чтобы сыграть головой в мяч.

Если команда выполнит 6 последовательных передач головой, то она получает 1 очко. Первая команда, которая наберет 10 очков, побеждает.

ВАРИАНТЫ

1. После паса головой игрок бежит с максимальной скоростью в хвост встречной колонны.
2. Добавьте пассивного защитника между колоннами, чтобы сделать упражнение более сложным.

Состязание в передачах головой с различными углами и высотой

8 минут

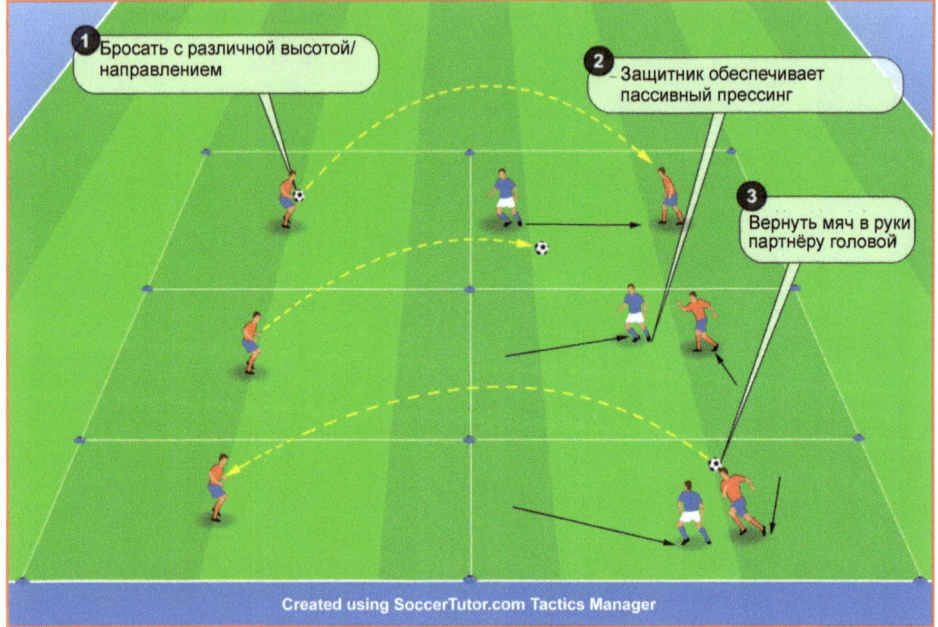

ЗАДАЧА: рассчитать полёт мяча, соревноваться в воздухе и выигрывать головой.

ВЫПОЛНЕНИЕ

Для этого упражнения мы работаем в группах по 3 человека в коридорах. У нас есть 1 красный игрок на каждой стороне и синий игрок в середине.

Упражнение начинается с того, что красный игрок бросает мяч в воздух - бросок меняется каждый раз, чтобы обеспечить разные высоту и направление.

Синий игрок перемещается, оказывая пассивное давление, когда красный игрок пытается отбить мяч назад, чтобы его товарищ по команде поймал мяч.

Каждый игрок выполняет упражнение в течение 1 минуты или выполняет 4 повторения. После этого игроки меняют свои роли и позиции.

РАЗВИТИЕ

1. Сделайте синего защитника полностью активным - он бросает вызов красному игроку и пытается отбить мяч.
2. Бросьте 10 мячей с полностью активным защитником. Красные и синие игроки соревнуются и получают очко каждый раз, когда они выигрывают головой.

Сопротивление, спринт, завершение головой

3 x 4 минуты

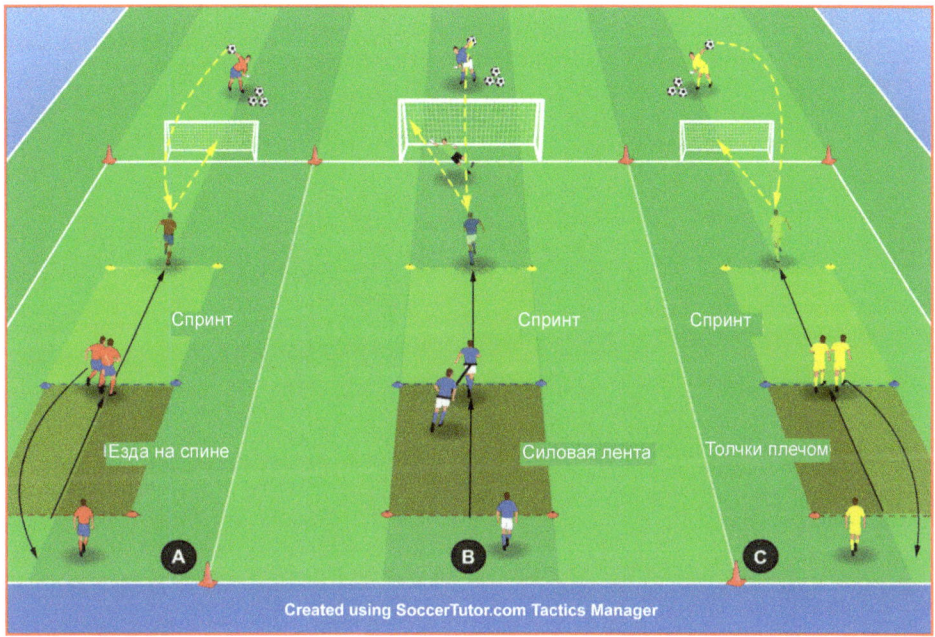

ВЫПОЛНЕНИЕ

Игровое поле 40x30 метров разделить на 3 разные зоны, как показано на рисунке. Боковые зоны (А и С) - 10x30 метров, а средняя зона - 20x30 метров.

A. Красный игрок несёт товарища по команде на спине на отрезке 10 метров (верховая езда), а затем бежит вперёд на 10 метров. Партнер за пределами зоны бросает мяч (из-за ворот), и красный игрок должен забить мяч в малые ворота.

B. Синий игрок двигается вперёд с товарищем по команде, удерживающим его или прикреплённым к его поясу (с сопротивлением) на отрезке 10 метров, а затем бежит вперёд на 10 метров. Товарищ по команде за пределами зоны бросает мяч, и синий игрок пытается забить головой.

C. Жёлтый игрок двигается вперёд, упираясь в плечо товарища по команде (с сопротивлением) на 10 метров, затем бежит вперёд на 10 метров. Партнер за пределами зоны бросает мяч (из-за ворот), и жёлтый игрок должен забить в малые ворота.

Команды получают 1 очко за каждый забитый мяч. Игрок, который забивал, двигается на позицию бросавшего, бросавший двигается к началу, а следующий игрок стартует.

РАЗВИТИЕ: Второй игрок, который оказывал сопротивление в первой фазе (спина, пояс, плечо) затем становится защитником, когда игрок пытается забить.

Игра руками и головой/спринт, барьер, удар головой/черпак, удар головой

3 x 2 минуты

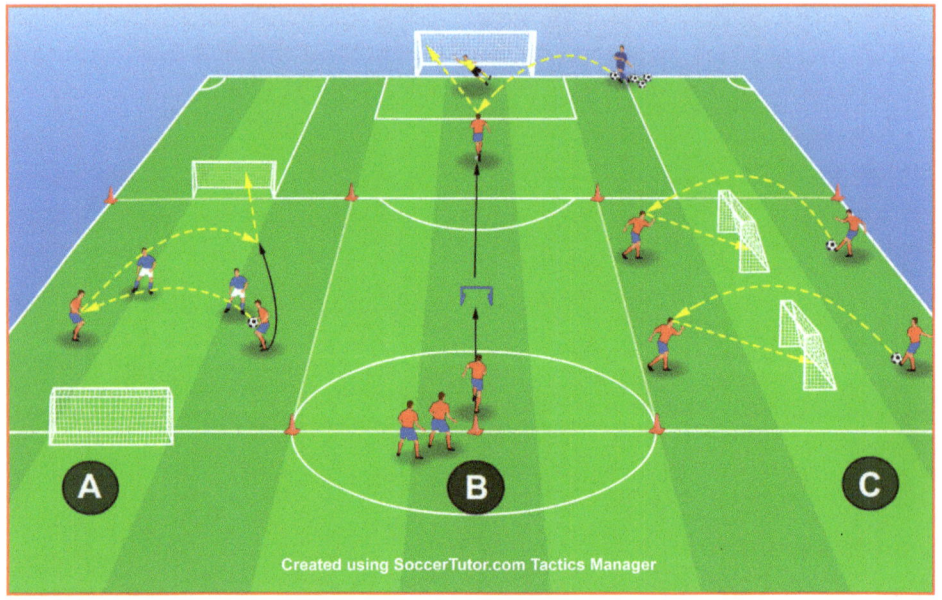

ЗАДАЧА: передачи головой и завершение.

ВЫПОЛНЕНИЕ

Используя половину молодежного поля, создать 3 зоны (А, В и С), как показано на диаграмме. В каждой зоне у нас есть 4 игрока. У нас также есть ворота с вратарем и тренер с большим количеством футбольных мячей.

A. Это игра 2 на 2 с небольшими воротами. Команда, владеющая мячом (красные), играет руками и головой. Они могут забивать только с головой. Защитники могут использовать любую часть своего тела, кроме рук, чтобы попытаться перехватить мяч.

B. Игроки бегут вперед, перепрыгивают через препятствие и бегут в штрафную площадь. Тренер навешивает или подбрасывает мяч, чтобы игрок попытался пробить мимо вратаря.

C. Игроки в парах - один игрок перекидывает мяч через ворота (рукой, ногой), а второй пытается забить мяч в ворота. Каждый игрок получает 3 попытки, прежде чем поменяться ролями.

ВАРИАНТЫ

В каждой группе 2 пары могут соревноваться, чтобы увидеть, кто набрал наибольшее количество очков.

ЧАСТЬ 7: ИГРА ГОЛОВОЙ

Спринт + завершение головой, игра 3х3 руками и головой

2 x 6 минут

ВЫПОЛНЕНИЕ

Для этой тренировки мы запускаем два упражнения одновременно:

1. Для первого упражнения у нас есть 6 игроков. Один из игроков действует как вратарь, а другие игроки находятся за конусами, как показано на рисунке. Первый игрок бежит вперед и пытается забить головой после броска тренера. Каждый раз, когда игроку в воротах удается сделать «спасение» (или атакующий промахивается), он меняется ролями с игроком, который не смог забить. Если игрок забивает головой, он возвращается на стартовую позицию. Упражнение продолжается.

2. Вторая группа играет 3х3 с небольшими воротами - они играют руками и головой. Чтобы гол был засчитан, в атаке должно быть хотя бы 1 касание головой, а забивать нужно головой.

ВАРИАНТЫ

В первом упражнении игрок в воротах выступает в роли защитника и может перехватить мяч любой частью тела, кроме рук.

ЧАСТЬ 7: ИГРА ГОЛОВОЙ

Передачи головой и быстрый прорыв с завершением

10 минут

ВЫПОЛНЕНИЕ

В зоне 50х50 метров у нас есть ворота с вратарем на обоих концах - мы также отмечаем в середине квадрат 30х30 метров, который разделен на 3 коридора, как показано на рисунке.

1. Игроки находятся в группах по 3 человека, по 2 с каждой стороны (А и С) и 1 посередине (В). Игрок В попеременно бросает мяч своим двум товарищам по команде, которые отбивают мяч головой назад.

2. Через 20/30 секунд тренер выкрикивает 2 буквы, например «А и В» - кто из этих игроков (во всех 3 группах) получает мяч первым, контролирует его и ведет на максимальной скорости до самых дальних ворот чтобы попытаться забить. Первый игрок, который забьет, выигрывает очко для своей команды. Затем упражнение продолжается таким же образом, но мы меняем роль игрока В во всех 3 группах.

ВАРИАНТЫ

1. Игрок, чья буква не названа, может защищаться, чтобы помешать забить другим командам.

2. Игроки должны контролировать мяч головой, прежде чем они смогут вести мяч и бить.

Ситуации 2х2 в двух смежных зонах, завершение головой, контратака

12 минут

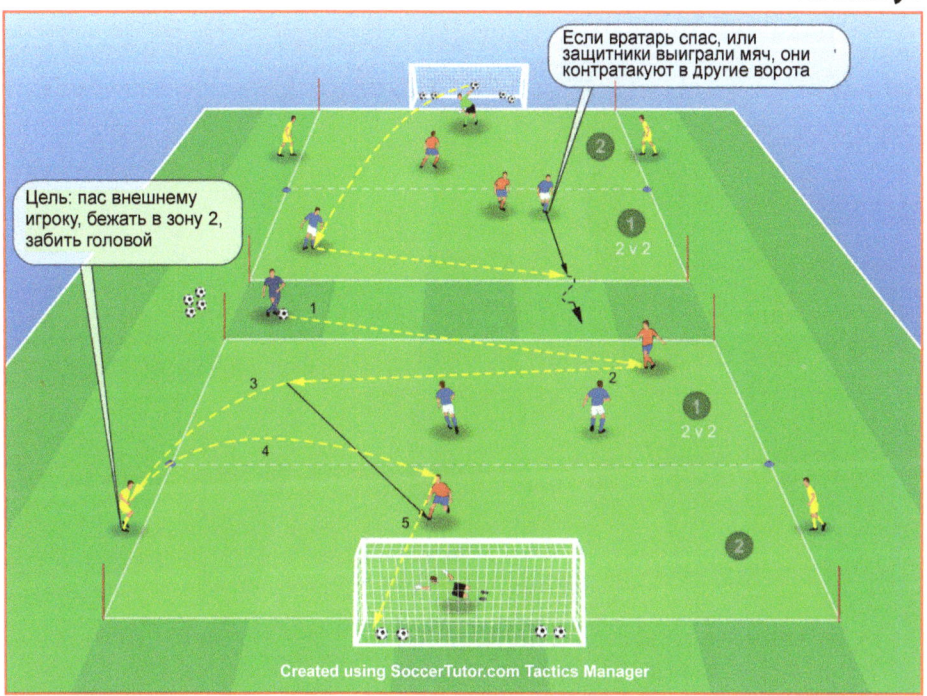

ЗАДАЧА: завершение головой в быстрой контратаке.

ВЫПОЛНЕНИЕ

Для этого упражнения надо создать две игры, которые стартуют одновременно. Оба участка поля разделены на 2 равные по размеру зоны, и в каждой зоне ситуация 2х2 + 2 нейтральных игрока на флангах. Есть также 2 полноразмерных ворот с вратарями.

Упражнение начинается, когда тренер пасует красному игроку в первой зоне, где есть ситуация 2х2. Цель передать мяч в руки одного из желтых нейтральных игроков на фланге. С этого момента красные игроки могут входить во вторую зону. Нейтральный игрок бросает мяч, чтобы красный игрок забил головой.

Если вратарь спасает или синие выигрывают мяч в первой зоне, синяя команда проводят контратаку в противоположном направлении - они атакуют, пытаясь уклониться от другой игры, в которую играют на противоположном конце, и стараются забить.

ВАРИАНТЫ

1 или 2 защитника могут войти в зону 2, чтобы помешать забить, создавая ситуацию 2х1 или 2х2.

Малая двусторонняя игра руками и головой с доставкой мяча на фланги

8-10 минут

ЗАДАЧА: передачи головой и завершение..

ВЫПОЛНЕНИЕ

Используя участок поля, размером в две юношеские штрафные площади, мы играем 5x5 с 2 дополнительными желтыми нейтральными игроками на краях.

- Игра начинается с паса вратаря, который выбрасывает мяч на голову игроку.

- Атакующая команда (красные) использует только свою голову и руки, но им не разрешается использовать руки дважды подряд - если мяч брошен рукой, следующий игрок должен сыграть головой. Чтобы засчитали гол, он должен быть забит головой.

- Желтые игроки на краях - нейтральные игроки, которые ловят мяч, когда им его передают (они также могут получить мяч от вратаря). Затем они бросают мяч в голову игрока внутри поля.

- Обороняющаяся команда (синие) пытается выиграть мяч, а затем становится атакующей командой. Они могут использовать свои руки, чтобы поймать мяч, только если он был брошен.

ВАРИАНТЫ

Добавьте персональную опеку, чтобы каждый выбрал одного игрока и участвовал в воздушных дуэлях с ним повсюду.

ЧАСТЬ 8

УДАРЫ

ЧАСТЬ 8: УДАРЫ

МЕТОДИКА ТРЕНИРОВКИ УДАРОВ

- Действия перед воротами, а затем завершение повторяется много раз на протяжении всего нашего обучения.
- Мы используем прогрессивную тренировку, основанную на повторении, чтобы у игроков было много возможностей бить по воротам.
- Мы ориентируемся на выполнение касания перед ударом. Касание должно быть направлено на ворота или под углом, чтобы избежать защитника.
- Последнее касание должно быть с правильной силой, поэтому мяч находится впереди, но не слишком далеко.
- Игрокам также нужно научиться использовать разные части стопы для последнего касания и для завершения.
- Одна из предпосылок, которую мы используем в тренерской школе RFEF, заключается в том, что, как только игрок приближается к вратарю, он должен «СДЕЛАТЬ ПАС В СТВОР ВОРОТ». По мячу не следует бить сильно, а вместо этого послать его в сетку подальше от вратаря. После этого ЗАВЕРШЕНИЕ будет более гладким и точным.

ЧАСТЬ 8: УДАРЫ

Дриблинг и спринт + завершение

3 x 3 минуты

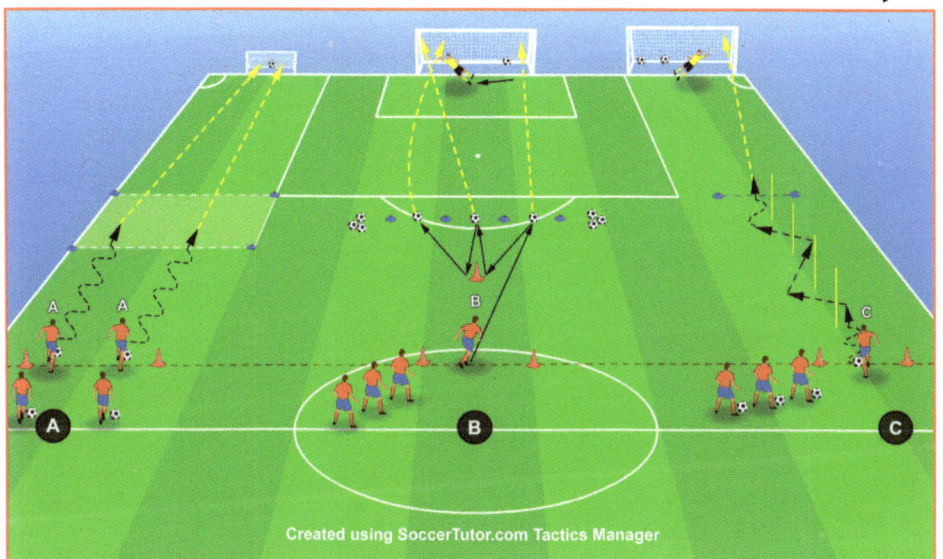

ЗАДАЧА: дриблинг, скорость и удары.

ВЫПОЛНЕНИЕ

Использовать половину молодежного поля. У нас есть 3 группы по 4 игрока, все начинают от конусных ворот, как показано.

A. Это соревнование, где одновременно стартуют 2 игрока, которые ведут мяч вперед. Они должны забить в малые ворота из обозначенной зоны. Учитывается только первый забитый гол.

B. Игрок бежит вперед к первому мячу и бьёт. Затем он поворачивается, бежит обратно к большому красному конусу и снова бежит вперед, чтобы забить второй мяч. Затем это повторяется, чтобы пробить в третий и последний раз. По крайней мере, один из ударов должен быть нанесен слабой ногой.

C. Игрок ведет мяч между стоек, а потом через синие конусные ворота. Затем он бьёт по воротам.

В каждой группе считать забитые голы. Менять группы через 3 минуты.

РАЗВИТИЕ

1. Все голы должны быть забиты слабой ногой.
2. Требуйте увеличивать скорость выполнения.

ЧАСТЬ 8: УДАРЫ

Дриблинг, комбинации + завершение

2 x 4 минуты

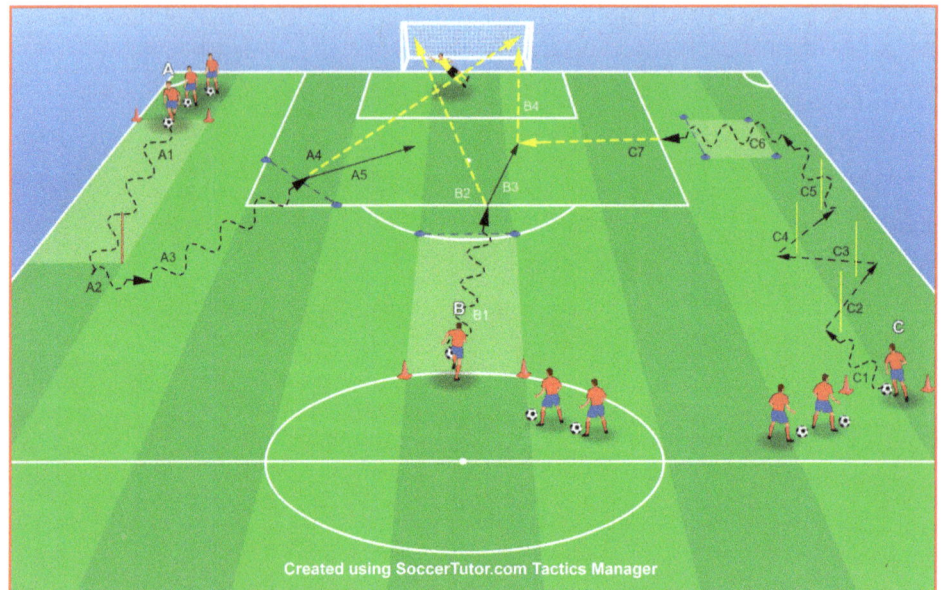

ВЫПОЛНЕНИЕ

Использовать половину молодежного поля. У нас есть 3 группы по 3 игрока, которые все начинают от красных конусных ворот, как показано на рисунке.

По одному игроку из каждой группы одновременно начинают движение с мячом:

A. Игрок A бежит с максимальной скоростью, разворачивается вокруг стойки и ведет мяч в штрафную площадь. Пройдя через синие конусные ворота, он наносит удар по воротам.

B. Игрок B бежит вперед через синие конусные ворота и наносит удар по воротам

C. Игрок C ведёт мяч зигзагами между стоек, а затем проходит через двое синих конусных ворот. Затем он пасует игроку B, который выполняет второй удар.

Каждый из них переходит в следующую группу (A -> B -> C -> A), и упражнение продолжается со следующими игроками.

РАЗВИТИЕ

1. Игрок A переходит в защиту и пытается заблокировать второй удар игрока B после паса игрока C (это показано черной линией с пометкой «A5»).

2. Заставьте игроков выполнять определенное завершение - левой ногой, правой ногой, головой.

 **ЧАСТЬ 8: УДАРЫ**

Мяч над головой: поворот, приём, дриблинг и удар

8-10 минут

ЗАДАЧА: приём (летящего) мяча и удар после быстрого поворота (вращения).

ВЫПОЛНЕНИЕ

Это простое упражнение. У нас есть конусные ворота с каждой стороны поля в показанных позициях. Есть также полноразмерные ворота с вратарем.

По одному игроку с обеих сторон стоят между двумя конусами без мяча. Первый игрок с мячом бросает его над головой, а затем движется вперед, чтобы оказать давление.

Игрок поворачивается на 180°, контролирует мяч, ведет мяч в поле и бьёт.

Игрок, который бросил мяч, занимает позицию между конусами, а игрок, который наносил удар, перемещается на другую сторону поля.

ВАРИАНТЫ

1. Игроки остаются на одной стороне, и 2 команды соревнуются. Первая команда, которая забьет 10 голов, побеждает. Затем вы можете поменять команды сторонами и повторить.

2. Изменить бросок, чтобы попасть в игрока (а не над ним), поэтому он должен принять мяч, а затем развернуться.

3. Игрок стоит спиной к мячу и реагирует на его внезапное появление перед собой (удар с лёта).

ЧАСТЬ 8: УДАРЫ

Стенка, открывание, приём мяча и удар

8-10 минут

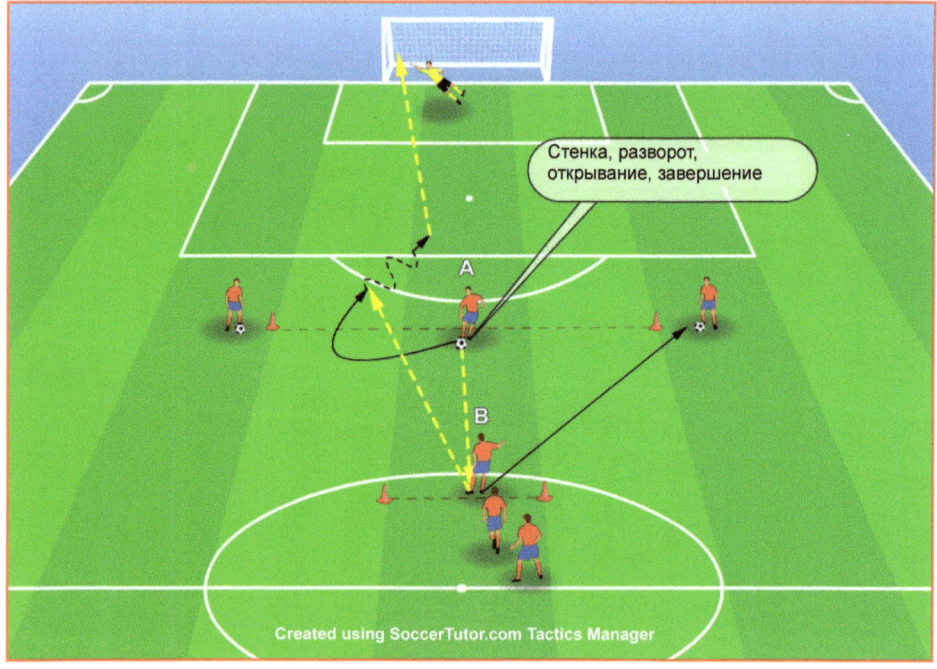

Стенка, разворот, открывание, завершение

ЗАДАЧА: открыться для приёма мяча и удара.

ВЫПОЛНЕНИЕ

Использовать половину молодежного поля. Расставляем 4 конуса в показанных позициях. Всего у нас 6 игроков, из которых выполняют упражнение 2 игрока одновременно. Есть также полноразмерные ворота с вратарем.

Игрок А пасует игроку В и делает движение в сторону. Игрок В должен прочитать движение и сделать обратный пас (стенка) с нужной стороны, внутри конусных ворот. Игрок А открывается, получает мяч в пол-оборота, подрабатывает мяч в штрафную площадь и стреляет.

Игрок А забирает свой мяч и перемещается в положение В. Игрок В перемещается в положение А.

РАЗВИТИЕ

1. После паса игрок В оказывает давление, чтобы сделать завершение более сложным.
2. Поместите мяч между двумя конусными воротами. После того, как А выполнил свой удар, В подбирает второй мяч - он ведет его вперед и пытается забить. Игрок А защищает ворота.

ЧАСТЬ 8: УДАРЫ

Отход назад, разворот, приём мяча и завершение

8-10 минут

ВЫПОЛНЕНИЕ

В этом упражнении 2 группы игроков расположены по обе стороны от ворот. Мы также размещаем 2 красные стойки за пределами штрафной, как показано на рисунке. Все игроки в обеих группах с мячами, кроме первых игроков (1), которые начинают упражнение.

1. Первые игроки (1) бегут вперед по сигналу тренера.
2. Вторые игроки (2) делают диагональный пас для игрока в другой группе.
3. Первый игрок разворачивается вокруг конуса и бежит вперед, чтобы получить мяч.
4. Первый игрок получает мяч и делает 1 или 2 касания в штрафной.
5. Он наносит удар по воротам.

Игрок, который наносил удар, движется в противоположную сторону, а следующие игроки непрерывно выполняют упражнение.

РАЗВИТИЕ

1. Измените положение стоек, чтобы изменить расстояние и угол ударов.
2. Все удары с левой стороны должны выполняться правой ногой / все удары с правой стороны должны выполняться левой ногой.

ЧАСТЬ 8: УДАРЫ

Спринт, разворот, приём мяча и удар в комбинации с тремя игроками

8-10 минут

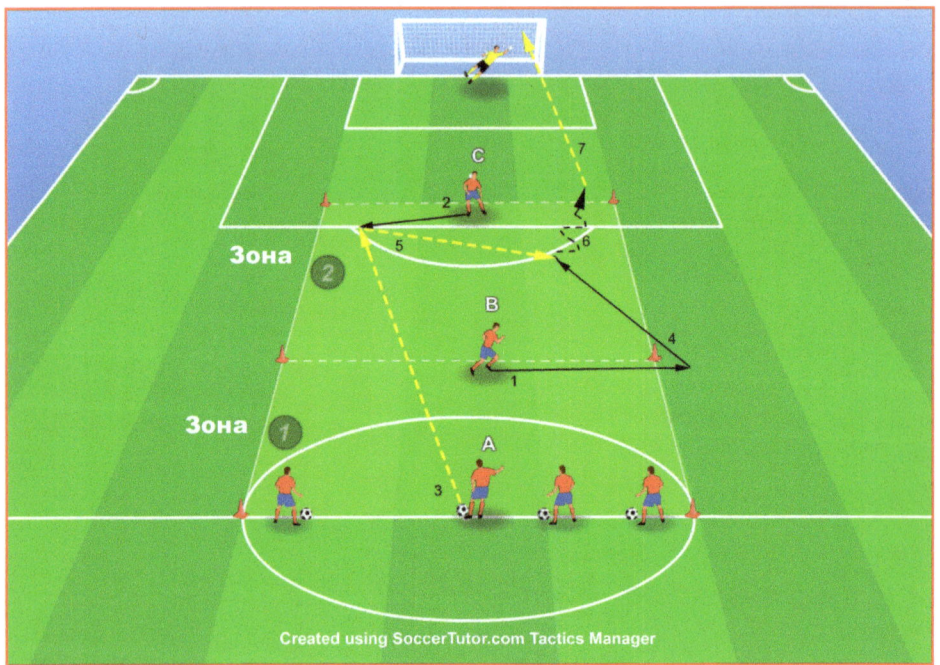

ВЫПОЛНЕНИЕ

Используя половину молодежного поля, мы обозначаем игровое поле с двумя зонами. Есть также полноразмерные ворота с вратарем. Игрок С начинает с дальней границы зоны 2, игрок В начинает с дальней границы зоны 1, а игрок А начинает с начальной линии.

1. Игрок В делает свое первое движение в любую сторону.
2. Игрок С должен отследить это движение и двигаться в противоположном направлении.
3. Игрок А пасует игроку С.
4. Игрок В делает второе движение вперед, чтобы получить следующий пас.
5. Игрок С пасует игроку В.
6. Игрок В контролирует мяч и входит в штрафную площадь.
7. Игрок В наносит удар. Игроки переходят на следующую позицию (A > B > C > A).

ВАРИАНТЫ

1. Игрок С определяет место, где он хочет получить мяч, и делает первое движение. Затем игрок В должен отреагировать и бежать в противоположную сторону.
2. Игрок С получает пас от А и пытается развернуться и нанести удар (игрок В оказывает давление на него).

ЧАСТЬ 8: УДАРЫ

Поддерживающий бег с фланга в быстрой комбинации + завершение

8-10 минут

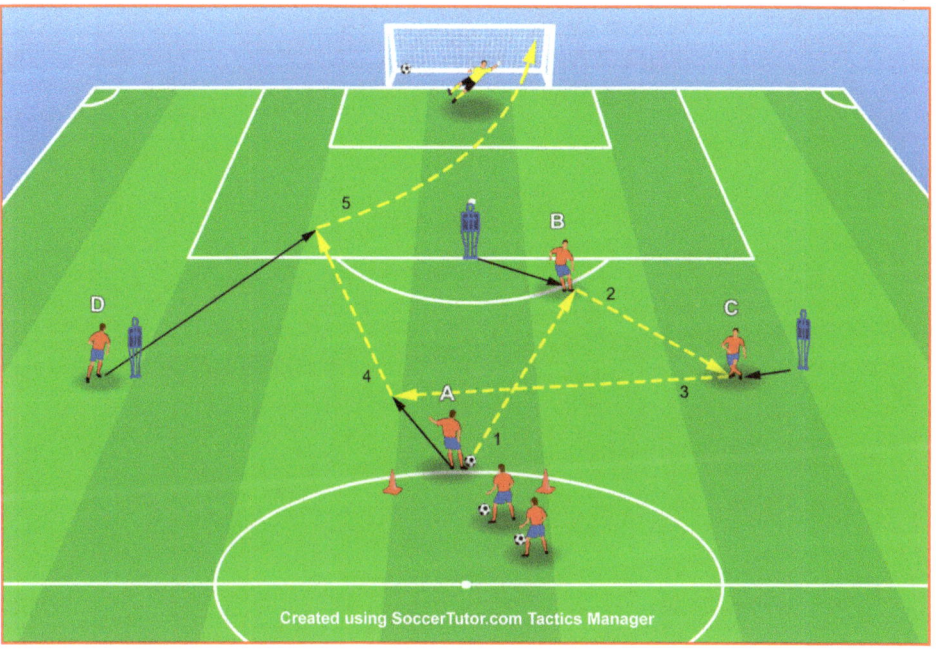

ВЫПОЛНЕНИЕ

Используя половину молодежного поля, мы размещаем 4 конуса, как показано на рисунке. Комбинация включает 4 игрока, 2 дополнительных игрока ждут на стартовой позиции.

Игрок A начинает пасом игроку B, который отходит от конуса, чтобы выполнить скидку назад игроку C. Игрок C пасует игроку A, который двигается вперед.

Игрок D выполняет диагональный бег вперед, игрок A пасует вперед, чтобы D бежал в штрафную. Последовательность заканчивается тем, что D наносит удар по воротам.

Игроки меняют позиции (A -> B -> C -> D), где D забирает свой мяч и движется к началу.

Через определенное время поменяйте положение C и D, чтобы игроки тренировались с обеих сторон.

ВАРИАНТЫ

1. Соберите 2 группы одновременно и подсчитайте количество забитых голов.
2. Измените систему подсчета очков, чтобы голы сильной ногой приносили 1 балл, а голы слабой ногой - 2 балла.

Двойная стенка и завершение

8-10 минут

ВЫПОЛНЕНИЕ

Использовать половину молодежного поля. У нас есть 2 группы игроков, выполняющих одну и ту же последовательность передач в разных направлениях, как показано. Мы ставим по 3 больших конуса с обеих сторон (A, B и C), и у нас есть полноразмерные ворота с вратарями с обеих сторон.

Упражнение начинают игроки A с обеих сторон одновременно. Игрок A разыгрывает две последовательные комбинации «стенка» с B и C, которые оба отходят от своих конусов, чтобы открыться. После обратной передачи от игрока C, игрок A наносит удар по воротам.

В зависимости от возраста / уровня игроков, они могут использовать 2 или 3 касания. Игроки меняют позиции (A -> B -> C -> A). По истечении заданного времени две группы меняются сторонами.

ВАРИАНТЫ: Вы можете чередовать последовательность пасов между 3 игроками, если вы сохраняете условие получения мяча на ход.

РАЗВИТИЕ

1. Вы можете использовать 2 мяча, одновременно на каждой стороне.
2. Выполните всё упражнение с игроками, ограниченными 1 касанием.

ЧАСТЬ 8: УДАРЫ

Короткие и длинные передачи с завершение после паса назад по диагонали

8-10 минут

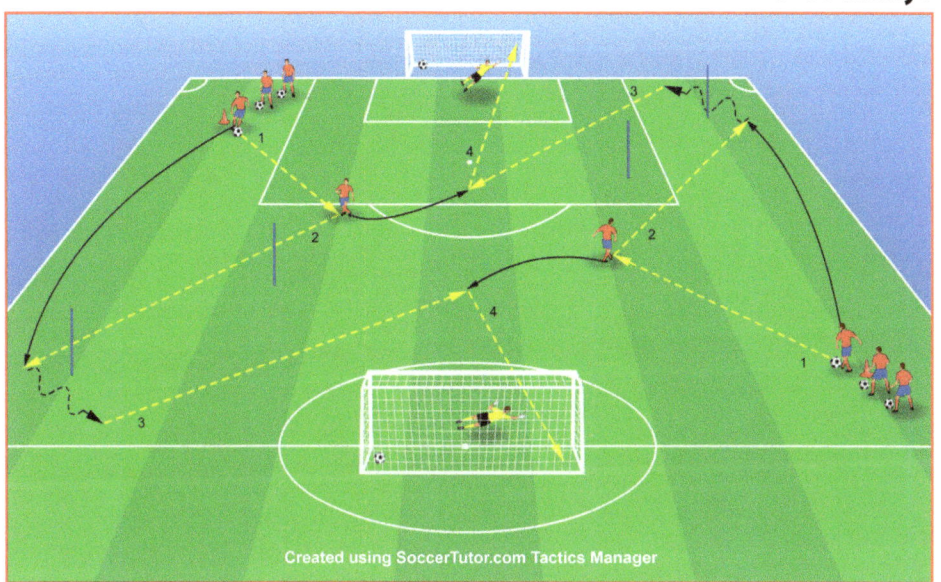

ЗАДАЧА: точные передачи, движение и завершение.

ВЫПОЛНЕНИЕ

Используя половину молодежного поля, мы имеем 2 группы игроков, выполняющих одну и ту же последовательность передач в разных направлениях одновременно. Мы размещаем 4 стойки в показанных позициях, и у нас есть полноразмерные ворота с вратарями с обеих сторон.

На каждой стороне находится игрок, ожидающий без мяча на показанных позициях. Остальные игроки имеют мяч каждый на стартовой позиции.

1. Первый игрок пасует внутреннему игроку и бежит вперед по флангу.
2. Внутренний игрок выполняет диагональный пас (в угол поля) на ход первому игроку, который получает мяч и ведет его вокруг второй стойки.
3. Первый игрок выполняет пас назад по диагонали.
4. Внутренний игрок из другой группы разворачивается и бьёт.
5. Первый игрок становится внутренним игроком, а внутренний игрок берёт мяч и перемещается в начальную позицию на другой стороне. Упражнение продолжается.

В зависимости от возраста / уровня игроков, решите, сколько касаний разрешено игрокам для различных элементов упражнения. Мы стараемся перейти к этапу, когда завершение выполняется одним касанием.

Завершение в малой двусторонней игре 3х3 с двумя игроками поддержки в атаке

8-10 минут

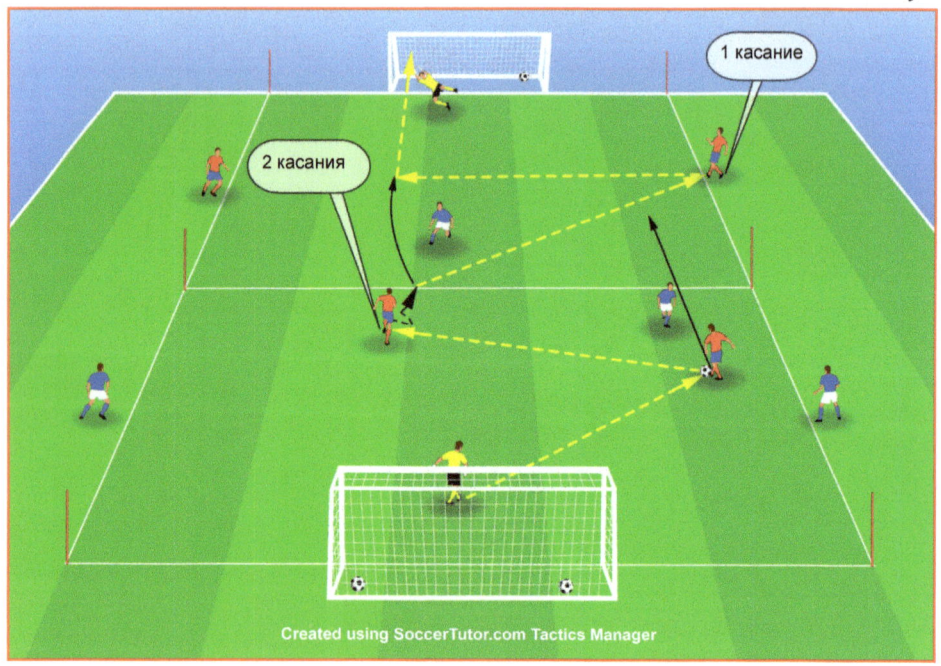

ВЫПОЛНЕНИЕ

Игровое поле 30х40 метров, разделить на 2 равные зоны. Малая двусторонняя игра 3х3 где у обеих команд по 2 дополнительных внешних игрока (по одному с каждого фланга в зоне атаки).

Упражнение начинает вратарь, задача быстро провести атаку и забить, используя преимущество наличия внешних игроков. Если команда забивает непосредственно после паса со стороны внешнего игрока (как показано на диаграмме), то гол считается за два.

Внутренние игроки ограничены двумя касаниями, у внешних игроков 1 касание.

Вы можете играть в течение 4 минут, а потом поменять ролями внутренних и внешних игроков. Кроме того, вы можете менять игроков после того, как команда забьет 3-4 гола.

ВАРИАНТЫ

1. Голы слабой ногой считаются за 2.
2. Голы головой считаются за 3.
3. Позвольте двум защищающимся внутренним игрокам использовать свои руки при обороне.

ЧАСТЬ 9

КОМБИНАЦИОННАЯ ИГРА В АТАКЕ

ЧАСТЬ 9: КОМБИНАЦИОННАЯ ИГРА В АТАКЕ

МЕТОДИКА ТРЕНИРОВКИ КОМБИНАЦИОННОЙ ИГРЫ В АТАКЕ

- Атакующие комбинации можно тренировать разными способами - их можно выполнять с игроками на разных позициях и с разным количеством игроков. В этой главе мы представляем различные способы тренировки атакующих комбинаций.

- Ключ к успешным атакующим комбинациям - это своевременность открываний и точность пасов.

- Мы можем тренировать атакующие комбинации с несколькими мячами, выполняя два, даже три действия подряд, что значительно усложняет тренировку.

- Мы представляем различные комбинации и действия.

- В зависимости от уровня ваших игроков, вы можете настроить упражнения. В тренерской школе RFEF мы переходим от тренировок с низкой сложностью к тренировкам с высокой сложностью в течение всего сезона.

- Сложность тренировок определяется скоростью исполнения, которую мы требуем от игроков.

ЧАСТЬ 9: КОМБИНАЦИОННАЯ ИГРА В АТАКЕ

Быстрые передачи в 1 касание и движение

8-10 минут

ВЫПОЛНЕНИЕ

Используя поле, подходящее для возраста / уровня игроков, разделить его на 2 равные зоны с полноразмерными воротами и вратарями с обеих сторон.

Это непрерывный цикл передач, которые начинают 2 вратаря одновременно. У нас есть 1 вратарь и 5 игроков на показанных позициях, с каждой стороны. Кроме того, с каждой стороны рядом с синим конусом по 1 дополнительному игроку.

Вратарь начинает с диагонального паса первому игроку - диагональные пасы продолжаются, как показано. Игроки используют 1 касание, пока пятый игрок не попадёт в ворота. Затем он бежит, чтобы присоединиться к другой стороне.

Все остальные игроки следуют за своим пасом и переходят на следующую позицию - вратарь получает новый мяч, а игрок, ожидающий получения, снова начинает получать ту же последовательность. Вратари обязательно должны выполнить свой первый пас одновременно.

ВАРИАНТЫ

1. Чтобы уменьшить сложность, вы можете позволить игрокам использовать 2 касания (контроль + пас).
2. Игроки остаются в фиксированных позициях и не вращаются (не следуют за своим пасом).
3. Разделите 2 стороны на 2 команды и посмотрите, сколько голов они забьют за установленное время.

Две зеркальные комбинации в 1 касание с завершением

10 минут

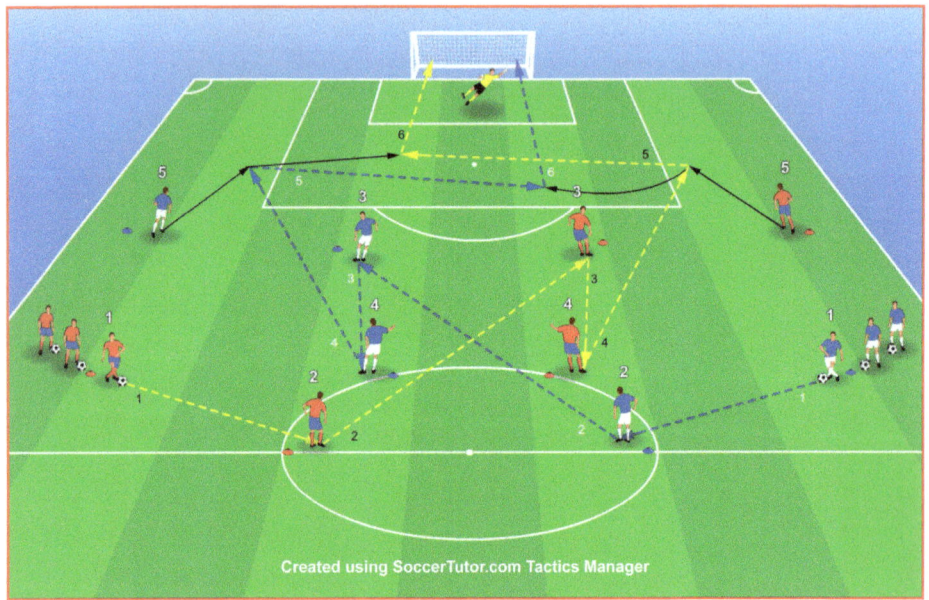

ЗАДАЧА: быстрая комбинационная игра в одно касание.

ВЫПОЛНЕНИЕ

Используя половину молодежного поля, мы разделяем игроков на 2 группы и ставим 10 конусов (по 5 для каждой группы) в показанных позициях.

Две группы начинаются одновременно и играют одновременно - игроки просто пасуют к следующему конусу (1-5) и затем следуют за мячом.

Последний пас должен быть на ход игроку №5, чтобы он мог бежать на мяч. Когда синий игрок №5 получает мяч, он пасует красному игроку №5, чтобы попытаться забить, и наоборот. Вот почему важно, чтобы две группы работали с одинаковой скоростью, и они могли объединиться в конце.

В зависимости от уровня игроков, следующий игрок может начать после 4-го или 5-го паса. После удара игрок №5 забирает свой мяч и бежит в стартовое положение (откуда начинал игрок №1).

РАЗВИТИЕ

1. Добавьте защитника в штрафную, чтобы затруднить завершение.
2. Игрок 3 может действовать как защитник после скидки игроку 4.

ЧАСТЬ 9: КОМБИНАЦИОННАЯ ИГРА В АТАКЕ

Быстрая комбинационная игра с различным поддерживающим бегом и завершением

10 минут

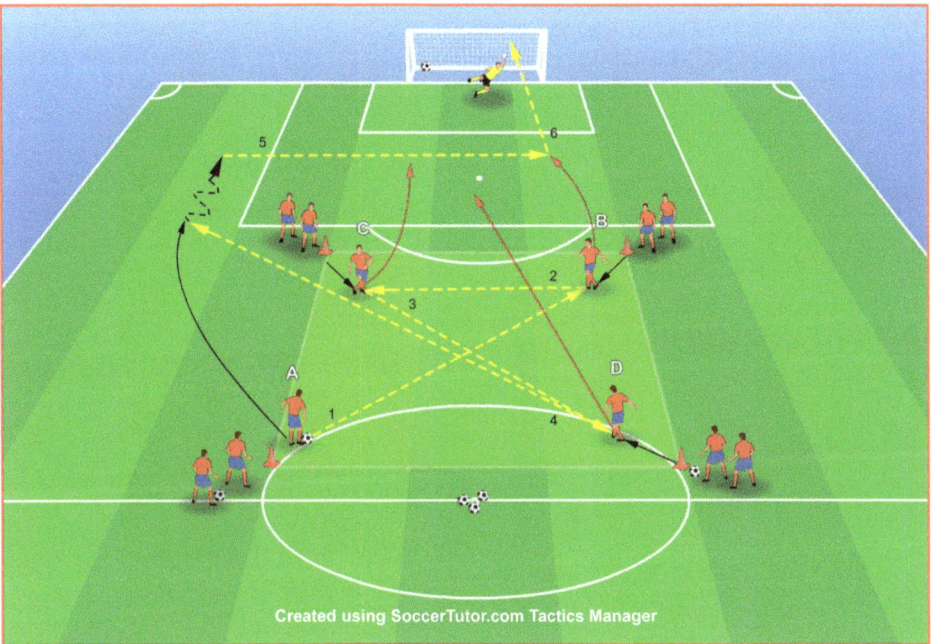

ВЫПОЛНЕНИЕ

Используя половину молодежного поля, обозначить 4 заданные позиции конусами, как показано на схеме. Игроки выполняют определенную последовательность передач:

1. Игрок A начинает с диагонального паса игроку B, затем игрок A двигается на фланг.
2. Игрок B отходит от конуса и пасует внутрь игроку C.
3. Игрок C отходит от конуса и пасует назад и по диагонали игроку D.
4. Игрок D отходит от конуса и выполняет диагональный проникающий пас, на ход игроку A.
5. Игрок A получает мяч и затем простреливает/подаёт в штрафную площадь.
6. Игроки B, C и D все бегут в штрафную площадь после своего последнего паса, чтобы попытаться забить.
7. Игроки меняют позиции, чтобы ждать в следующей позиции (A -> B -> C -> D -> A), и следующие 4 игрока уходят.

ВАРИАНТЫ

1. Ограничить количество касаний.
2. Выполнить последовательность действий с правой стороны.

Фланговая игра, поддерживающий бег, подачи и завершение

2 x 8 минут

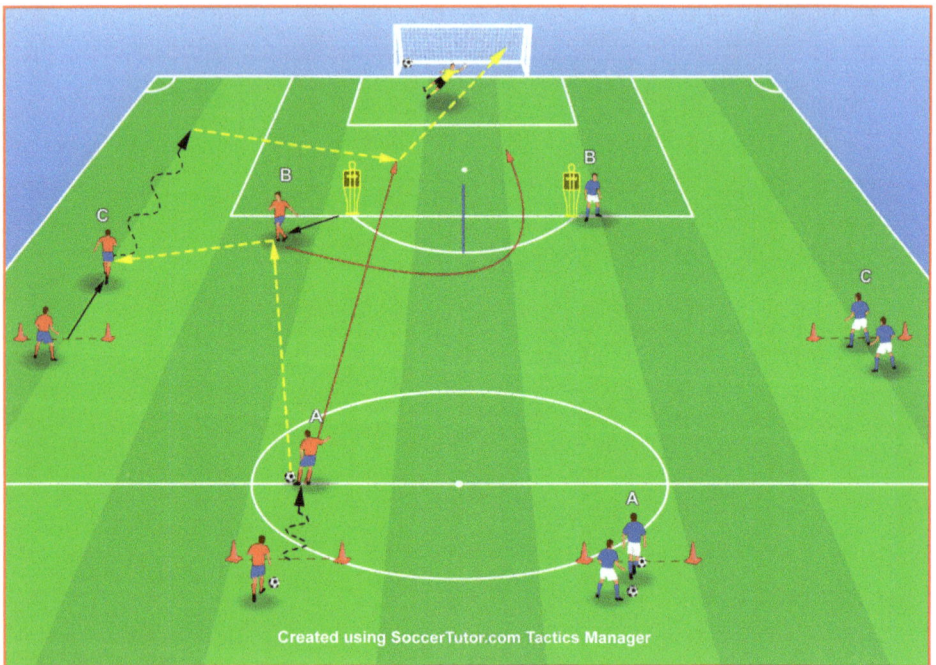

ВЫПОЛНЕНИЕ

Используя половину молодежного поля (60х40 метров), обозначить 3 заданные позиции с обеих сторон, как показано на диаграмме. Упражнение выполняется на одной стороне, а затем повторяется на противоположной

стороне. Это комбинация между 3 игроками.

1. Упражнение начинает игрок А который ведет мяч вперед и пасует игроку В, который бросает манекен. Затем игрок А бежит вперед.
2. Игрок С двигается вперед и получает мяч от игрока В. Игрок С ведет мяч вперед, а игрок В по дуге бежит в штрафную площадь вокруг стойки. К этому времени игрок А также врывается в штрафную площадь.
3. Игрок С подаёт/простреливает либо игроку А, либо игроку В, чтобы забить.
4. Игроки меняют позиции (А -> В -> С -> А). Как только игроки закончат атаку на одном фланге, другая сторона повторяет ту же последовательность.

РАЗВИТИЕ

1. Игрок В с другой стороны (синего цвета) перемещается, чтобы оказать давление на красного игрока В, когда он двигается, чтобы получить мяч, и наоборот с другой стороны.
2. Оба фланга соревнуются друг с другом, чтобы увидеть, кто может забить больше голов.

ЧАСТЬ 9: КОМБИНАЦИОННАЯ ИГРА В АТАКЕ

Пас высоко на фланг, поддерживающий бег, подача и завершение

2 x 6 минут

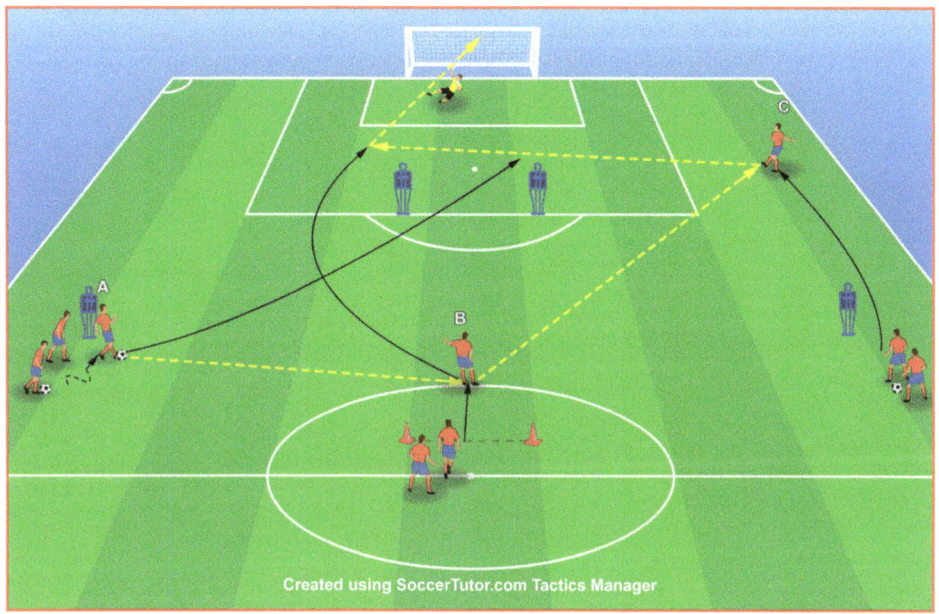

ЗАДАЧА: смена направления атаки с поддерживающими открываниями для завершения.

ВЫПОЛНЕНИЕ

Используя половину молодежного поля (60x40 метров), расставить маркеры и манекены, как показано на рисунке.

1. Упражнение начинает игрок А, пасом внутрь поля игроку В, который двигается вперед, чтобы получить мяч. Игрок А начинает свой диагональный бег в штрафную площадь.

2. Игрок С бежит по флангу и игрок В выполняет ему диагональную передачу, после чего бежит по дуге в штрафную площадь.

3. Игрок С получает мяч высоко на фланге и подаёт/простреливает либо игроку А, либо игроку В, которые стараются забить.

Каждый игрок перемещается, чтобы ждать в следующей позиции (А -> В -> С -> А), и следующие игроки переходят. Через 4-5 минут поменяйте местами позиции А и С, чтобы доставлять мяч в штрафную с левого фланга.

ВАРИАНТЫ

1. Добавьте защитника в штрафную площадь, чтобы усложнить завершение.
2. Измените подачу так, чтобы игроки завершали, используя разные способы – низом сильной ногой, низом слабой ногой, верхом, головой.

ЧАСТЬ 9: КОМБИНАЦИОННАЯ ИГРА В АТАКЕ

Быстрая комбинационная игра с приёмом мяча высоко на фланге, подача и завершение

8-10 минут

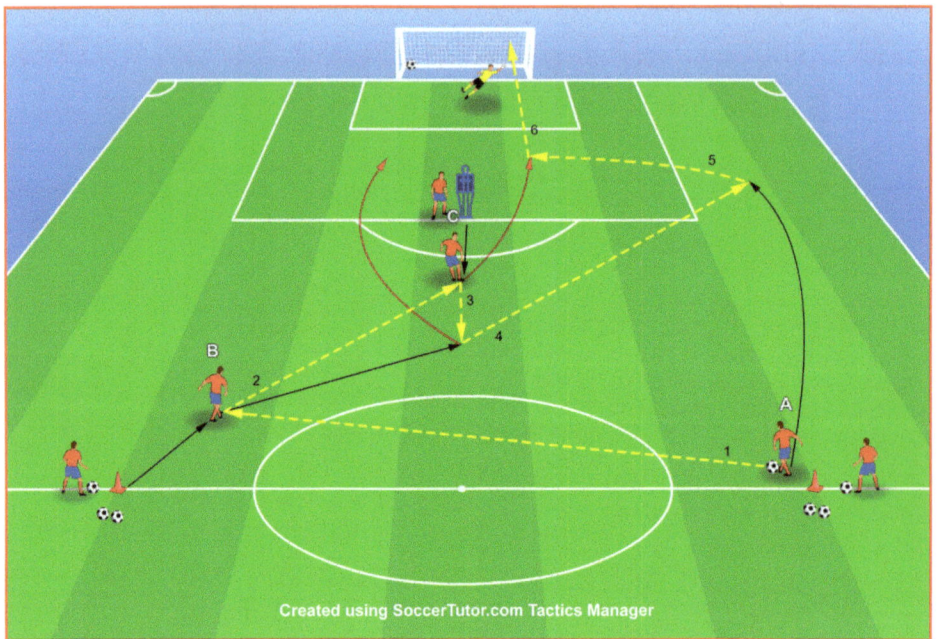

ВЫПОЛНЕНИЕ

Используя половину молодежного поля (60х40 метров), обозначить 3 заданные позиции, как показано на диаграмме.

1. Упражнение начинается с передачи игрока А на ход игроку В, который двигается вперед, чтобы получить мяч. Игрок А после паса начинает двигаться вперед по правому флангу.
2. Игрок С падает назад, игрок В пасует ему, а затем двигается вперед и к центру.
3. Игрок С скидывает мяч игроку В, который выполняет диагональную передачу на фланг игроку А.
4. Игрок А подаёт / простреливает мяч в штрафную для игроков В и С, которые бросаются вперед, пытаясь забить.

Каждый игрок перемещается, чтобы ждать в следующей позиции (А -> В -> С -> А), и следующие игроки уходят. Через 4-5 минут поменяйте местами положения А и В, чтобы подача была с левого фланга.

РАЗВИТИЕ

1. Добавьте активного защитника в штрафную, чтобы увеличить сложность.
2. Гол считается только в том случае, если игрок забивает в 1 касание.

ЧАСТЬ 9: КОМБИНАЦИОННАЯ ИГРА В АТАКЕ

Быстрая комбинационная игра со смещением внутрь для приёма мяча и завершение

8-10 минут

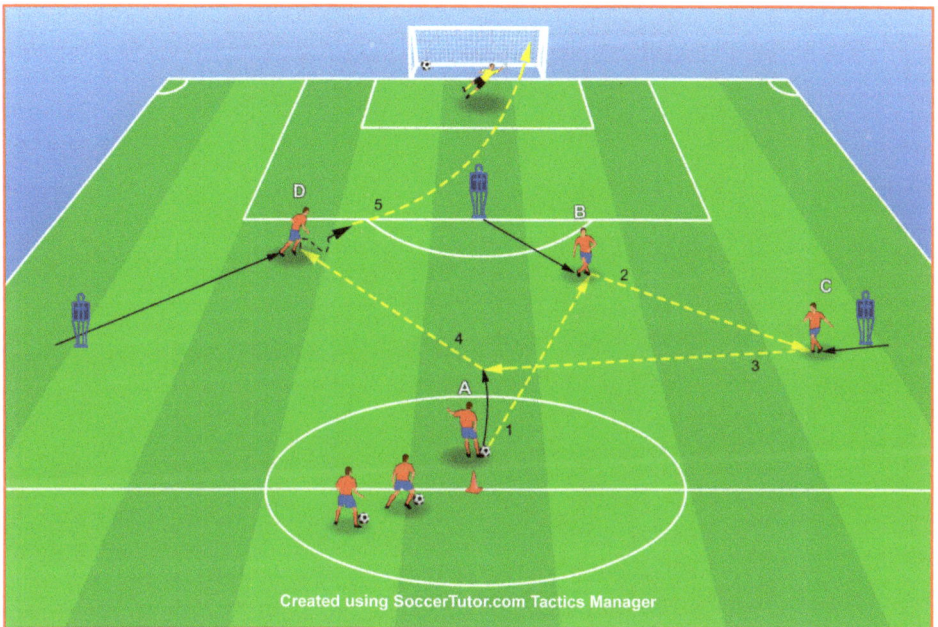

ВЫПОЛНЕНИЕ

Используя половину молодежного поля (60х40 метров), мы выделяем 4 заданные позиции, как показано на диаграмме. Игроки выполняют определенную последовательность передач:

1. Игрок В падает под углом в любом направлении. В этом примере В падает по направлению к правой стороне поля, поэтому А должен пасовать к этой же стороне.
2. В пасует назад игроку на той же стороне (С), который двигается внутрь от манекена.
3. С пасует поперёк на ход игроку А.
4. D отбегает от своего манекена и открывается по диагонали. А пасует на ход игроку D.
5. D принимает мяч и пытается забить.

Если В смещается назад на левой стороне поля, он скидывает мяч игроку D. Игрок D пасует поперёк на ход игроку А. Последний пас выполняется на ход игроку С с правой стороны. Каждый игрок перемещается на следующую позицию (A -> B -> C -> D -> Старт), и начинается следующий игрок A.

ВАРИАНТЫ

Проведите соревнование с чередованием 2 команд - побеждает команда с наибольшим количеством голов.

ЧАСТЬ 9: КОМБИНАЦИОННАЯ ИГРА В АТАКЕ

Быстрая комбинационная игра на скорости с поддержкой и завершением

8-10 минут

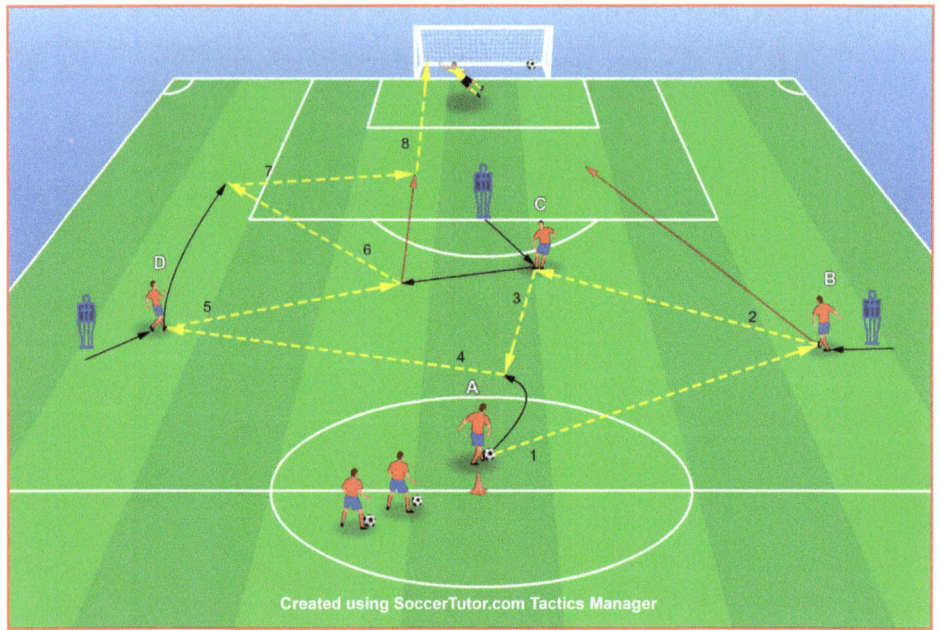

ВЫПОЛНЕНИЕ

Используя половину молодежного поля (60х40 метров), мы выделяем 4 заданные позиции, как показано на диаграмме. Игроки выполняют определенную последовательность передач:

1. Игрок С падает под углом в любом направлении. В этом примере С падает по направлению к правой стороне поля. Поскольку С делает движение к правой стороне поля, А должен пасовать В, который находится на этом фланге.
2. Игрок В пасует игроку С.
3. Игрок С отдает мяч игроку А, который двигается вперед.
4. Игрок А пасует на левый фланг игроку D, который отходит от конуса.
5. Игрок D играет в стенку с игроком С, который смещается к нему поперёк поля. Затем он выполняет прострел/подачу в штрафную площадь для В и С, которые своевременно бегут в штрафную площадь, пытаясь забить.

Если бы С переместился на левую сторону поля, первый пас был бы от игрока А игроку D, а финальная комбинационная игра была бы между С и В с правой стороны. Каждый игрок перемещается на следующую позицию (A -> B -> C -> D -> Старт), и начинается следующий игрок А.

РАЗВИТИЕ

Проведите соревнование с чередованием 2 команд - побеждает команда с наибольшим количеством голов.

ЧАСТЬ 9: КОМБИНАЦИОННАЯ ИГРА В АТАКЕ

Комбинационная игра приём мяча на фланге, подачи и завершение

10-15 минут

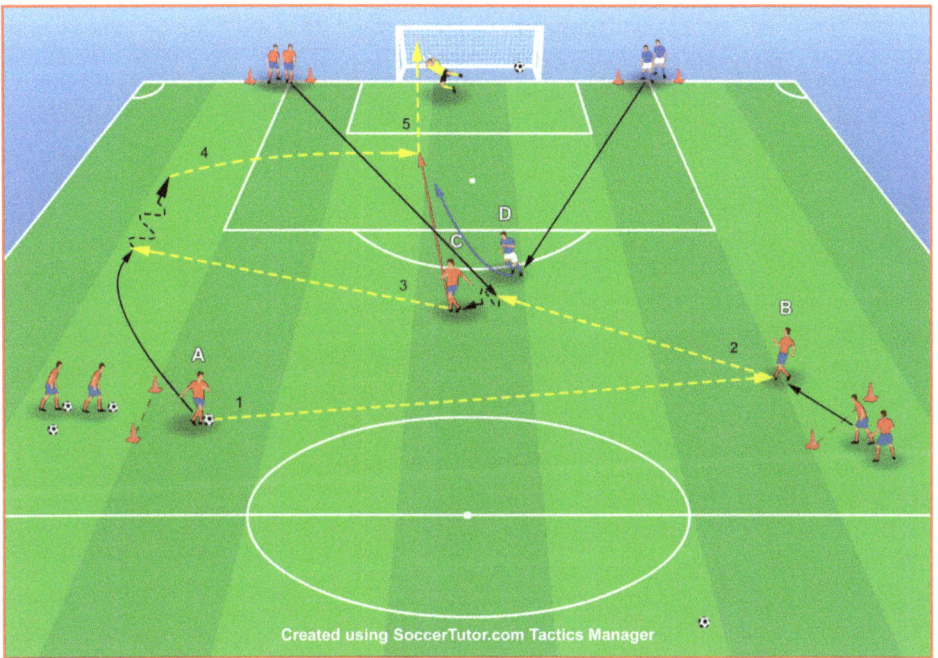

ВЫПОЛНЕНИЕ

На половине молодежного поля (60x40 метров) мы используем конусы для обозначения 4 различных стартовых позиций для A, B, C и D (защитник). На каждой позиции у нас по 3 игрока, как показано.

1. Игрок A пасует игроку B, который движется вперед. После паса игрок A бежит на фланг. Игроки C и D бегут вперед, как показано.

2. Игрок B пасует игроку C, который получает мяч в движении, спиной к воротам. Игрок D (защитник) обеспечивает пассивную защиту.

3. Игрок C должен продемонстрировать хорошую технику, чтобы получить мяч, а затем выполнить контролируемый пас на ход игроку A.

4. A контролирует мяч на скорости и выполняет прострел/подачу в штрафную площадь. Защитник (D) полностью активен и пытается предотвратить или заблокировать завершаюший удар.

Каждый игрок перемещается, чтобы ждать в следующей позиции (A -> B -> C -> D -> A), и следующий игрок уходит.

Через 5-6 минут поменяйте местами положения A и B, чтобы крест оказался на правой стороне.

ЧАСТЬ 9: КОМБИНАЦИОННАЯ ИГРА В АТАКЕ

Выиграть мяч в центре (2х4) и провести быструю контратаку

15 минут

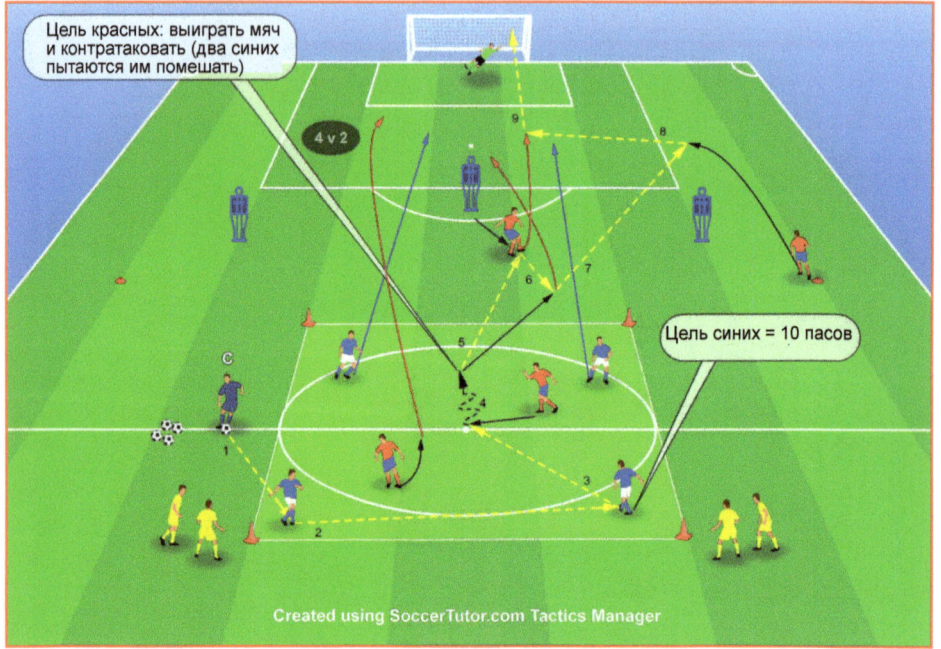

ВЫПОЛНЕНИЕ

У нас есть 3 команды по 4 игрока (2 команды играют одновременно). Обозначить зону в центре и в показанных позициях поставить 3 манекена, которые представляют защитников.

1. Упражнение начинается с паса тренера, и синяя команда пытается завершить 10 последовательных пасов (1 очко) в центральной зоне с численным преимуществом 4х2.

2. Если красные выигрывают мяч, они начинают контратаку, передавая мяч нападающему, который падает назад, чтобы получить. На одной из сторон находится фланговый игрок.

3. Оба красных игрока бегут вперед, чтобы присоединиться к контратаке, а 2 синих игрока отступают, чтобы защищаться. Если красные забивают, они получают 1 очко. Два других синих игрока остаются в центральной зоне.

После того, как этот этап завершен, красные теперь перемещаются, чтобы ждать за пределами центральной зоны. Тренер передаёт мяч желтой команде, которая двигается внутрь центральной зоны.

У нас снова ситуация 4 на 2 - желтые пытаются выполнить 10 пасов.

Синие пытаются выиграть мяч и контратаковать - двое других синих игроков теперь ждут в выдвинутых позициях (один нападающий и один фланговый игрок, который может быть с любой стороны).

ЧАСТЬ 10

ТАКТИЧЕСКОЕ РАЗВИТИЕ

ЧАСТЬ 10: ТАКТИЧЕСКОЕ РАЗВИТИЕ

МЕТОДИКА ТРЕНИРОВКИ ТАКТИЧЕСКОГО РАЗВИТИЯ

- Для этой возрастной группы тактическое развитие - это все действия, которые позволяют команде осознано играть в ту игру, которую они хотят показать в соревновании.

- В Школе тренеров RFEF мы сосредоточены на начале атаки от своих ворот, в основном передачами низом, используя хорошие комбинации.

- Мы играем 8 на 8 с этой возрастной группой, и мы используем схему 3-3-1, которая, по нашему мнению, лучше всего развивает наши методы обучения и игровую модель.

- Для младших игроков мы упрощаем тренировки для атакующих. У нас либо есть большое численное преимущество для атакующей команды, либо у нас есть защитники, которые держатся за руки - это укрепляет уверенность атакующих игроков, и они могут выполнить больше касаний, больше передач в тренировках.

Построение атаки и завершение в зонной игре 8х2

8-10 минут

* Мы используем молодёжное поле размером примерно 50 x 65 ярдов (45 x 60 метров).

ЗАДАЧА: начало и развитие атаки в построении 3-3-1.

ВЫПОЛНЕНИЕ

Для этих упражнений (еще 4), мы используем построение 3-3-1. Поле разбито на 3 зоны, как показано, с выделенной средней зоной.

У нас есть 1 опорный полузащитник (синий №6), который обороняется в этой зоне и не может покинуть ее. Вы можете менять этого игрока после завершения каждой атаки.

Красная команда строит атаку. Используя нашу игровую систему и передавая мяч по земле, красная команда проводит 4 атаки. Каждый раз упражнение начинается с вратаря. Голы подсчитываются, и как только 4 атаки закончены, синяя команда сыграет против 1 красного полузащитника - таким образом, в конце будет победитель.

ВАРИАНТЫ: Тренер называет номер (1-3), который представляет собой конкретную схему, которую игроки должны использовать для своей атаки.

ЧАСТЬ 10: ТАКТИЧЕСКОЕ РАЗВИТИЕ

Построение атаки и переходы в зонной игре 8х3

8-10 минут

Проводим 4 атаки против 1 защитника (он остаётся в своей зоне)

* Мы используем молодёжное поле размером примерно 50 x 65 ярдов (45 x 60 метров).

ЗАДАЧА: атака в построении 3-3-1 + быстрые переходы из атаки в оборону.

ВЫПОЛНЕНИЕ

Это развитие предыдущего упражнения. Теперь у нас выделены 2 зоны - в одной зоне синий полузащитник (№ 6), в другой синий защитник (№ 4).

Если синий игрок сможет выиграть мяч и передать его партнеру по команде, атака считается завершённой. Однако, если красные выигрывают мяч до того, как это произойдет, они могут продолжить свою атаку.

Остальные задачи и правила остаются такими же, как в предыдущем упражнении.

ВАРИАНТЫ

1. Тренер называет номер (1-3), который представляет собой конкретную схему, которую игроки должны использовать для своей атаки.
2. Начните упражнение с разных игровых ситуаций, например вбрасывание, соперник только что выиграл мяч в середине и т. д.

ЧАСТЬ 10: ТАКТИЧЕСКОЕ РАЗВИТИЕ

Построение атаки и переходы в зонной игре 8х4

8-10 минут

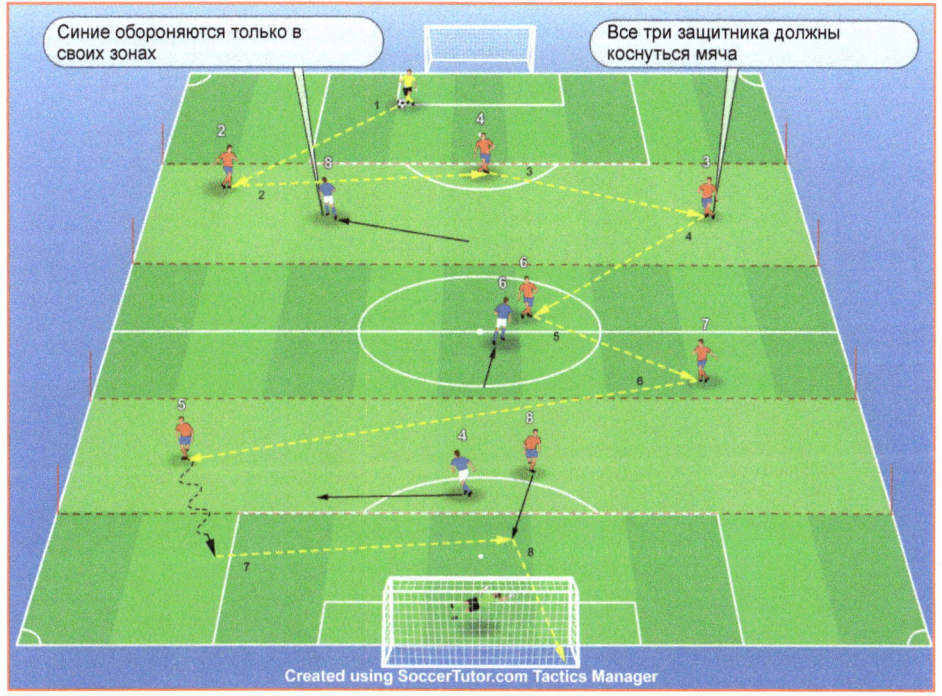

* Мы используем молодёжное поле размером примерно 50 x 65 ярдов (45 x 60 метров).

ВЫПОЛНЕНИЕ

Это развитие предыдущего упражнения. Теперь у нас есть дополнительная зона, в которой добавлен синий форвард (№ 8), чтобы оказать давление на красных защитников в начале атаки.

Если синий игрок сможет выиграть мяч и передать его партнеру по команде (или нанести удар по воротам), атака считается завершенной. Однако, если красные выигрывают мяч до того, как это произойдет, они могут продолжить свою атаку.

Остальные задачи и правила остаются такими же, как в предыдущем упражнении.

ВАРИАНТЫ

1. Тренер называет номер (1-3), представляющий конкретную схему, которую игроки должны использовать для своей атаки.
2. Начните упражнение с разных игровых ситуаций, например вбрасывание, соперник только что выиграл мяч в середине и т. д.

ЧАСТЬ 10: ТАКТИЧЕСКОЕ РАЗВИТИЕ

Построение атаки и переходы в зонной игре 8х8 со спаренными защитниками

8-10 минут

* Мы используем молодёжное поле размером примерно 50 x 65 ярдов (45 x 60 метров).

ВЫПОЛНЕНИЕ

Это развитие предыдущего упражнения. У нас все еще есть 1 синий форвард, но теперь у нас есть 2 синие пары, держащиеся за руки в зоне полузащиты, и 1 синяя пара, держащаяся за руки в зоне защиты.

Теперь, если синие выигрывают мяч, атака считается оконченной. Остальные цели и правила остаются такими же, как в предыдущем упражнении.

ВАРИАНТЫ

1. Красные имеют 2 возможности забить. Если они это сделают, они могут атаковать еще 2 раза. Если они этого не делают, то синяя команда становится атакующей командой.
2. Начните тренировку с разных игровых ситуаций, например вбрасывание, соперник только что выиграл мяч в середине и т. д.

ЧАСТЬ 10: ТАКТИЧЕСКОЕ РАЗВИТИЕ

Построение атаки в малой двусторонней игре 8x8

8-10 минут

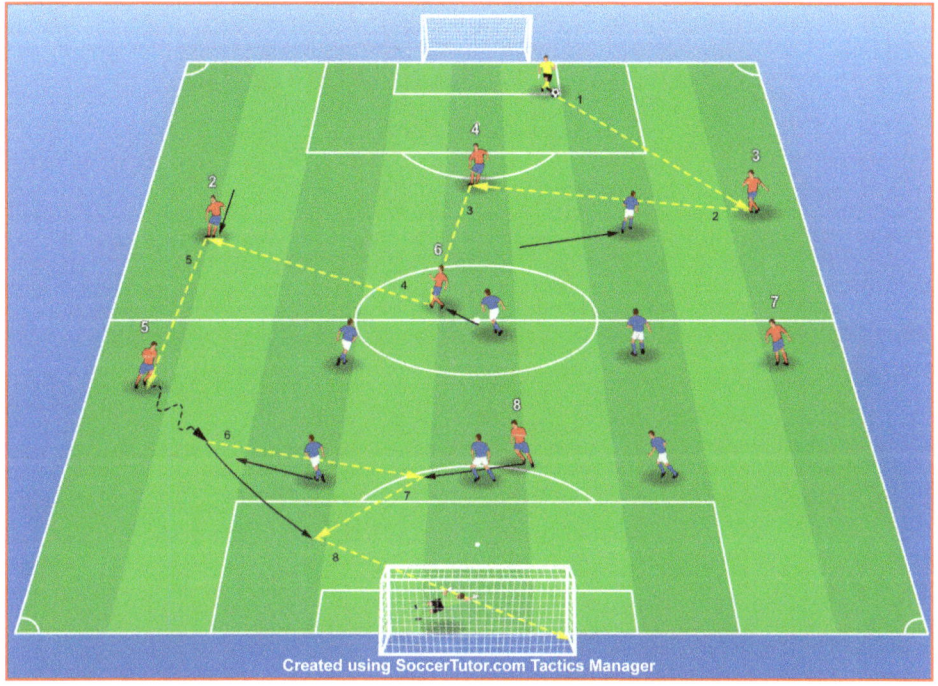

* Мы используем молодёжное поле размером примерно 50 x 65 ярдов (45 x 60 метров).

ЗАДАЧА: построение атаки с полным сопротивлением в игре 8x8.

ВЫПОЛНЕНИЕ

В этом развитии и заключительном упражнении главы мы теперь играем в обычную игру 8 на 8 без зон. Упражнение начинается с вратаря.

Тренер устанавливает конкретные правила для атакующей команды. Вот некоторые примеры:

1. Чтобы гол был засчитан, мяч должен коснуться всех 3 защитников (как показано на схеме).

2. Чтобы гол был засчитан, к мячу должны прикоснуться 2 защитника, 2 полузащитника и нападающий.

3. Чтобы гол был засчитан, каждый игрок должен коснуться мяча.

Если команде удается забить, они получают 1 очко и начинают новую атаку. Если они не забивают, новую игру начинает вратарь противника.

ЧАСТЬ 11

КРУГОВАЯ ТРЕНИРОВКА

ЧАСТЬ 11: КРУГОВАЯ ТРЕНИРОВКА

МЕТОДИКА КРУГОВОЙ ТРЕНИРОВКИ

- В этой главе мы покажем вам несколько схем, которые мы регулярно проводим в Школе тренеров RFEF.

- Мы используем схемы, чтобы познакомить игроков с упражнениями на скорость и ловкость, используя оборудование, такое как барьеры и обручи.

- В этих круговых тренировках всегда есть работа с мячом, будь то элементы дриблинга или дуэли / завершения.

ЧАСТЬ 11: КРУГОВАЯ ТРЕНИРОВКА

Круговая тренировка дриблинга с различной техникой и поворотами

2 x 3 минуты

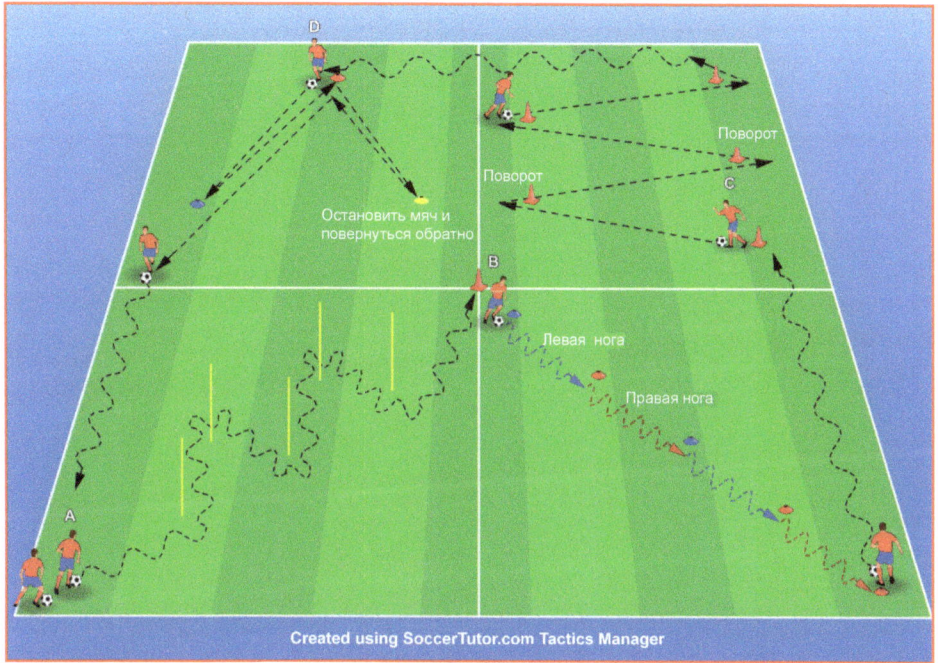

ЗАДАЧА: владение мячом/ведение мяча обеими ногами и управление поворотами.

ВЫПОЛНЕНИЕ

Для этого упражнения разметить квадраты 4x10 метров. Игроки выполняют различные элементы дриблинга в круговой тренировке (A -> D), как показано.

A. Слалом между стоек, используя внутренние поверхности стоп обеих ног.

B. Ведение мяча вдоль конусов, используя только левую ногу от синего конуса к красному, только правую ногу от красного конуса к синему.

C. Дриблинг на скорости, с резкой сменой направления вокруг каждого конуса.

D. Дриблинг к первому маркеру, остановка мяча подошвой, дриблинг обратно, повторить со вторым маркером, дриблинг обратно к началу.

РАЗВИТИЕ

1. Расставить конусы/стойки ближе друг к другу, чтобы увеличить сложность.
2. Увеличить общее расстояние и количество конусов.
3. Увеличить темп, с которым игроки должны вести мяч.

Игра на удержание мяча 2х2+упражнения на скорость и ловкость с завершением

10 минут

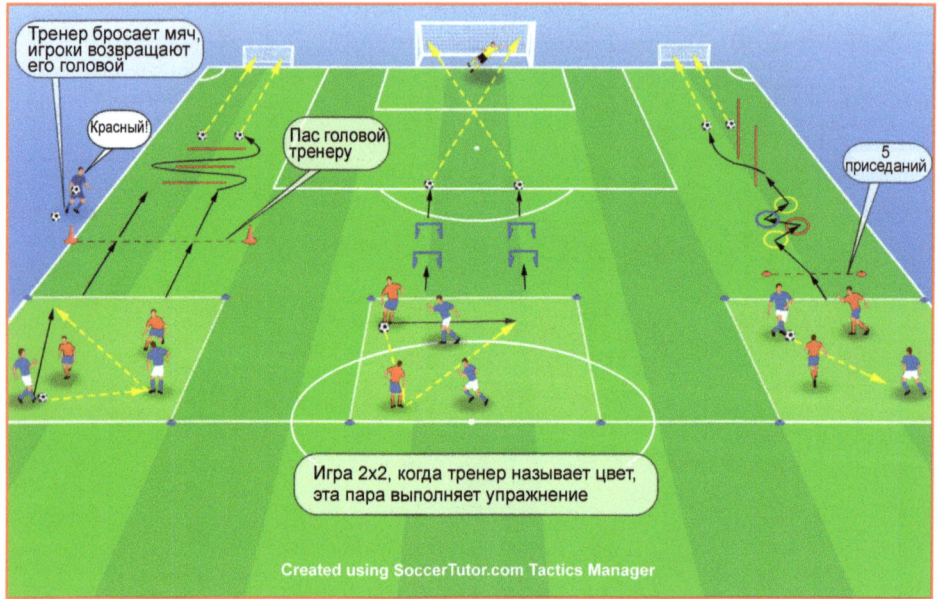

ЗАДАЧА: скорость, сила, ловкость, игра на владение мячом и завершение.

ВЫПОЛНЕНИЕ

Используя половину молодежного поля, разделить игроков на 3 группы по 2 синих игрока и 2 красных игрока в каждой.

Все 3 группы начинают с игры на владение мячом 2х2 в своих зонах. Они ждут сигнал от тренера. Когда тренер вызывает цвет (красный на рисунке), эти два игрока бегут, чтобы выполнить следующие упражнения:

1. Бег к линии - тренер подбрасывает мяч, и игроки возвращают головой его обратно в руки тренеру. Игроки выполняют упражнение на скорость вокруг стоек (или конусов) с боковым движением и заканчивают, забивая в малые ворота.

2. Бег вперед, прыжки через 2 барьера, бегите к мячу и удар.

3. Бег к линии, выполнить 5 приседаний, затем выполнить упражнение на скорость, используя обручи (прыжки из стороны в сторону с ноги на ногу). Наконец, слалом между стоек и удар в малые ворота.

После выполнения упражнений на скорость и ловкость игроки переходят в следующую группу, и тренировка продолжается таким же образом.

ЧАСТЬ 11: КРУГОВАЯ ТРЕНИРОВКА

Круговая тренировка на скорость и ловкость с завершением (атака 3х1)

8-10 минут

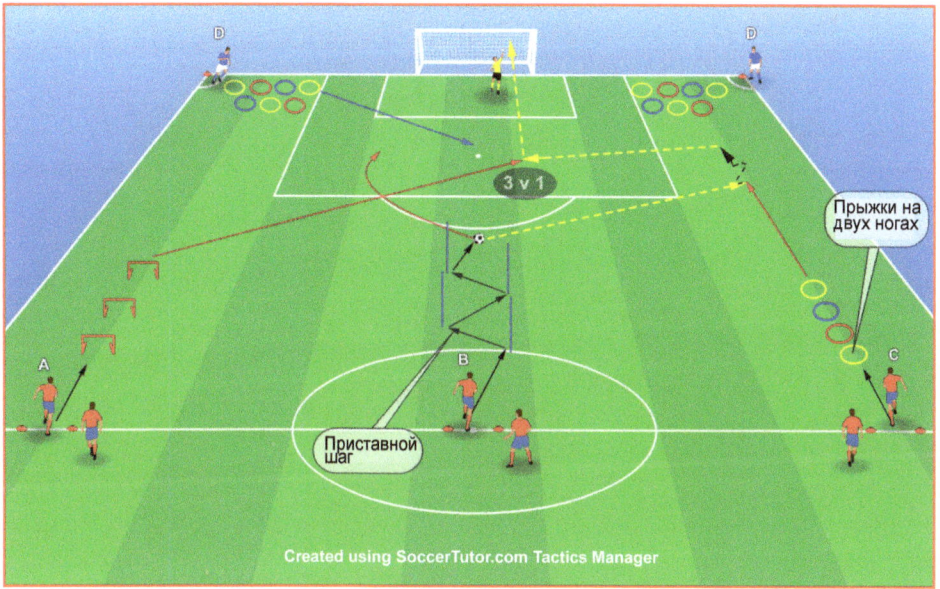

ЗАДАЧА: скорость, сила, ловкость, игра на владение мячом и завершение.

ВЫПОЛНЕНИЕ

Используя половину молодежного поля, обозначить 4 станции (A-D), как показано. Каждый игрок выполняет свои упражнение перед тем, как принять участие в атаке 3х1:

A. Прыжки через 3 барьера, а затем бег в штрафную площадь.

B. Игрок двигается приставным шагом от стойки к стойке, подбирает мяч и выполняет передачу на фланг, на ход игроку C.

C. Прыжки через обручи (приземляться на две ноги внутри каждого обруча), бег вперед, чтобы получить пас от игрока B и прострел/ подача в штрафную площадь игроку A (на ближнюю штангу) или игроку B (на дальнюю штангу).

D. Движение из стороны в сторону через обручи (с ноги на ногу), затем спринт в центр штрафной площади для выполнения оборонительных действий.

Игроки A и B пытаются забить, а игрок D пытается им помешать. После завершения атаки все игроки переходят к следующей станции (A -> B -> C -> D -> A), и следующие ожидающие игроки стартуют.

Круговая тренировка скорости и ловкости с завершением (атака 3х2)

20 минут

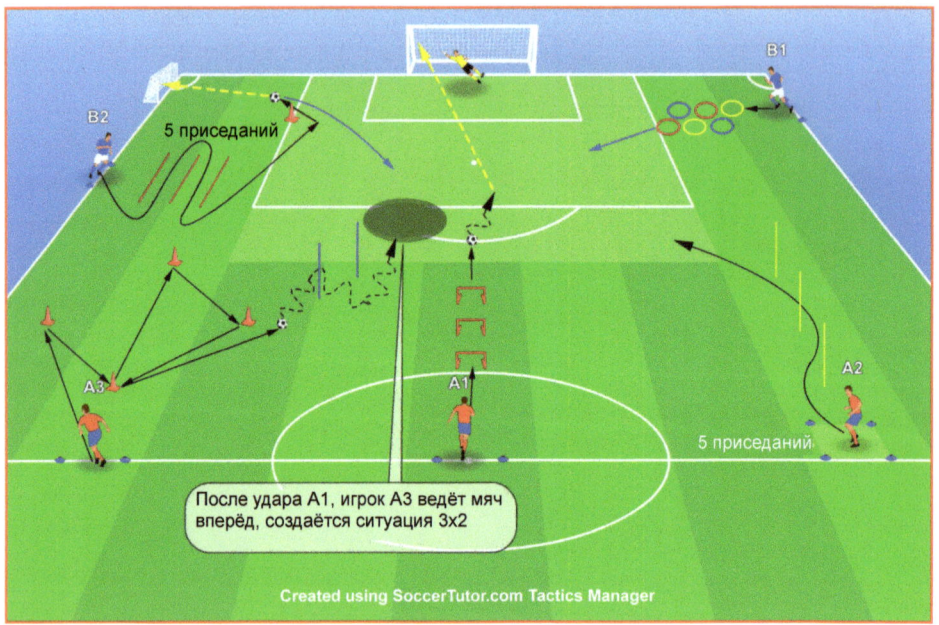

После удара А1, игрок А3 ведёт мяч вперёд, создаётся ситуация 3х2

ВЫПОЛНЕНИЕ

Используя половину молодежного поля, разметить 5 разных трасс для 5 разных игроков:

1. А1: бежит вперед, перепрыгивает через 3 барьера, подбирает мяч и пытается забить.
2. А2: выполняет 5 приседаний, а затем слалом между стоек.
3. А3: Спринт от конуса к конусу, как показано на рисунке, подбирает мяч и обводит стойки (слалом).
4. В1: выполняет упражнение на скорость вокруг горизонтальных стоек (или конусов) приставным шагом, бежит к большому конусу и отправляет мяч в малые ворота.
5. В2: Выполняет скоростные упражнения с использованием обручей (из стороны в сторону, с ноги на ногу).

После того, как каждый игрок завершил свой круг, игрок А3 ведет мяч вперед, чтобы начать быструю атаку 3х2 против 2 синих игроков.

Вы можете соревноваться между двумя командами - если забит гол, красные получают 1 очко, а если нет, то синие получают 1 очко или менять позиции игроков (А1 -> А2 -> А3 -> В1 -> В2).

СПАСИБО ВАМ!

Прежде всего, я хотел бы отметить позитивность Федерации Футбола Испании (RFEF). С первого момента, когда мы подняли вопрос о возможности написать эту книгу, они оказали полную поддержку проекту.

Спасибо тебе Лоло Эскобар, моя правая рука, Родольфо Уриас, Педро Мартинес, Мануэль Барба, Фран Гарридо, Хорхе Брото и Карлос Санчес ... которые все ответственны за эту книгу, моё спасибо и благодарность. Мы постарались выпустить книгу высокого качества и представить лучшие упражнения, которые мы выполняем в течение сезона с нашими игроками. Кроме того, спасибо всем тренерам в Школе тренеров и Фонде RFEF, которые обогатили наши знания.

Спасибо Королевской федерации футбола Испании, президенту Анхелю Марии Вильяр за предоставленную возможность и за его слова, а также всем ее членам за предоставленную мне возможность сделать эту книгу. Висенте дель Боске и всем тем, с кем я пересекался в футболе, и кто помогает мне по сей день. Вы сделали меня сильнее, и я многому научился за последние несколько лет. Этот диапазон опыта помог мне создать эту книгу.

Наконец, я хочу посвятить книгу всей моей семье, моему первому клубу (Aldapeta CD), моим братьям, моему отцу, моей жене Ноелии, моим детям, Нахии и Эду младшему, Гаспару Россети, который является одним из моих великих движителей к славе, Хуану Луису Ларреа за его безоговорочную поддержку, Хорхе Пересу за веру в меня, почти не зная меня, Энрике Ведии, одному из ключевых вдохновителей в моей жизни. А также тому, кто всегда внушал мне: «Не переставай пытаться, пробуй, если веришь в это» ... Моей маме, покойся с миром, она всегда делала ставку на меня и знала, что я получу все, что у меня есть сегодня.

ОТ ВСЕГО СЕРДЦА, СПАСИБО!

Эдуардо Валькарсель

БЕСПЛАТНАЯ ПРОБНАЯ ВЕРСИЯ

обучение футболу с 2001 года

ТАКТИЧЕСКИЙ МЕНЕДЖЕР
Создавайте свои собственные упражнения, тактику и план занятий

 www.SoccerTutor.com/TacticsManager
info@soccertutor.com

 PC
 Mac
 soon! soon!
 soon!

www.ingramcontent.com/pod-product-compliance
Lightning Source LLC
Chambersburg PA
CBHW050929240426
43671CB00019B/2964